Bockler Georg Andreas

Theatrum machinarum novum

Schauplatz der mechanischen kunsten von muhl und wasserwercken durch Georg

Andream Böcklern

–

Bockler Georg Andreas

Theatrum machinarum novum
Schauplatz der mechanischen kunsten von muhl und wasserwercken durch Georg Andream Böcklern

ISBN/EAN: 9783337526139

Printed in Europe, USA, Canada, Australia, Japan

Cover: Foto ©Thomas Meinert / pixelio.de

More available books at **www.hansebooks.com**

THEATRUM MACHI-
NARUM NOVUM,

Das ist:

Neu-vermehrter

Schauplatz der

Mechanischen Künsten/

Handelt von allerhand

Wasser-Wind-Roß-Gewicht-

und

Hand-Mühlen/

Wie dieselbige zu dem Frucht-Mahlen/ Papyr-Pulver-
Stampff-Segen-Bohren-Walcken-Mangen/ und dergleichen anzuordnen.

Beneben

Nützlichen Wasser-Künsten

Als da seynd

Schöpff-Pomppen-Druck-Kugel-Kästen-Blaß-Wirbel-
Schnecken Feuer-Sprützen und Bronnen-Wercken.

Damit das Wasser hoch zu heben/ zu leiten und fortzuführen/ auch
andern Sachen/ so hierzu dienlich und nützlich zugebrauchen/

Alles mit grosser Mühe und sonderbarem Fleiß/ auch meistentheil aus eig-
ner Erfahrung/ dem Liebhaber dieser Künste zusammen getragen und colligirt

Durch

GEORG. ANDREAM BÖCKLERN, Arch. & Ingen.

Nürnberg/

In Verlegung Paulus Fürsten/ Kunst- und Buchhändl. Sel. Wittib und Erben/
Gedruckt bey Christoff Gerhard / Anno 1673.

Dem Durchleuchtigsten Fürsten und Herrn

Herrn

Carl Ludwigen

Pfaltzgraven bey Rhein / deß Heil. Röm.
Reichs Ertz-Schatzmeistern und Chur-Fürsten/ꝛc.
Hertzogen in Bäyern/ꝛc.

Meinem Gnädigsten Chur-Fürsten und Herrn.

Durchleuchtigster Chur-Fürst/ Gnädigster Herr/

Ey Publicirung gegenwärtigen Tractats/ habe ich mich nicht lang zubedencken oder umzusehen gehabt/ weme solches zuzuschreiben/ in deme Welt-kundig/ daß E. Churfürstl. Durchl. fast in vielen Scientiis hocherfahren/ dieselbige wohl verstehen/ insonderheit auch grosse Zuneigung und hohen Verstand zu der edlen Bau-Kunst tragen/ die jenige Personen / so damit umgehen/ jeder Zeit in Gnaden ansehen und befördern/ wie dann auch vor wenig Jahren E. Churfürstl. Durchl. mich zu dero Baumeister gnädigst bestellen/ und annehmen lassen.

Wann demnach die Mühl-Gebäu auch ein Mit-Glied der Bau-Kunst/ dieselbige in einem jeden Land oder Fürstenthum hochnothwendig und nützlich/ E. Churfürstl. Durchl. auch in diesem Stück/ in dero Landen/ jeder Zeit väterliche Vorsorge tragen/ nicht allein die von dem leidigen Kriege eingerissene und verwüstete Mühl-Wercker/ wiederum repariren/ sondern auch noch viel andere nützliche neue Gebäu aufrichten und bauen lassen.

):(iij

Al-

Als habe von langer Zeit hero/ wegen obberuhrten Nutzens/ und dann auch E. Churfürstl. Durchl. ferner damit unterthänigst aufzuwarten/ Ich vielerley Mühl-Wercker und Waſſer-Künſte colligiret und zuſammen gebracht/ dieſelbige E. Churfürſtl. Durchl. hiemit übergebe/ demütigſt bittend/ dieſe/ aus Unterthänigſter Schuldigkeit und Wohlmeinung herrührende Dedication-Schrifft/ in gewohnlichen Gnaden anzunehmen/ und gegenwärtigen Tractat ein Oertlein oder Stell in dero koſtbaren und Courieuſen Bibliotheca zu vergöñen.

Hiemit E. Churfürſtl. Durchl. ſamt dero gantzem Hochanſehnlichen Chur-Hauſz/ des Allmächtigen GOttes/ vätterlicher Vorſorge und Obacht/ zu beſtändiger Leibes-Geſundheit/ friedlichen glücklichen Regiment/ und allem hohen Wohlſtand/ auch zu dero beharꝛlichen Gnädigſten Hulden mich Unwürdigen gantz unterthänigſt recommendiren.

Geben in Frandfuet am Mayn den 25. Aug. (die Ludovici) 1661.

E. Churfürſtl. Durchl.

Unterthänigſter

Diener

Georg Andreas Böckler. Architect.
& Ingenieur.

Vorrede/
an den
Kunstliebenden Leser.

ES ist unter denen vortrefflichsten und nützlichsten Erfindungen/ welche GOtt der Allerweiseste dem Menschlichen Geschlecht geschencket/ die edle Kunst MECHANICA nicht die geringste/ wie etliche unwissende naßweise Klüglinge vermessentlich einwerffen möchten; Sondern/ so wol die unvermeid=licher Nothwendigkeit/ als ihres/ aus der Geometry und Physic habenden Ur=sprungs halben/ jeder Zeit sehr hoch geadelt/ und also billig von allen Verständigen/ lieb und in hohem Werth gehalten worden.

Unter dem Wörtlein Mechanica aber/ werden nicht allerley gemeine Hand=Wercker verstan=den/ als welche offtermahlen gar wenig Kunst/ aber vielmehr eine saure und mühesame Arbeit und Ubung erfordern. Derowegen solle man die Augen des Verstands hierinnen etwas bessers aufthun/ in Betrachtung/ daß wir Menschen ins gemein uns nicht verwundern/ über die jenige Sachen/ so ordentlicher Weise durch die Natur geschehen/ und regieret werden/ deren wir gewoh=net seyn; Sondern vielmehr deren Dingen/ die ausserhalb der Natur dem Menschen zu Nutz/ durch Hülff der Kunst zu wegen gebracht/ und dannenhero nachdencklich/ seltzam und nicht je=dermans Dinge seyn. Dann die Natur würcket in vielen Dingen das Widerspiel/ gegen dem/ welches uns fürträglich/ weilen sie stets in ihrem alten Lauff verbleibet/ dardurch aber die Nutz=barkeit vielfältig verändert wird.

Derohalben so wir etwas wider die Natur zu wegen bringen wollen/ muß solches durch scharffsinniges Nachdencken/ Kunst/ Mühe und sonderbare Ge=schicklichkeit geschehen/ und Werckstellig gemacht werden.

Dannenhero die jenige in solchen und dergleichen Künsten geübte und erfahrne Ingenieurs (so ein Frantz: oder Welsches Wörtlein in Teutschland üblich/) wegen ihres scharffen Verstands oder Ingenii, genennet/ und von andern Unwissenden dardurch unterschieden werden.

Gedachte Mechanica aber wird nicht unbillig in zween Theil abgetheilet; Dann sie ist ent=weder Speculativa oder Practica.

Speculativa, weilen in diesem Theil allein im Sinn und Verstand das Gemüth dardurch exerciret wird/ begreiffet Zahl/ Gewicht und Maß/ als nach oder in welchen Dingen/ GOtt der Allerweiseste alle Creaturen ordentlich disponiret und erschaffen hat; Von diesem ersten Theil der Mechanica nun/ haben vor etlich hundert Jahren her/ viel vornehme berühmte Leute/ wie männiglichen bekand/ ausführlich und umständig geschrieben/ derowegen solche zu allegiren/ all=hie ohne Noth/ und der Günstige Leser dahin verwiesen wird.

Practica, nemlich der ander Theil der Mechanica, bestehet solcher in willkührlicher Hand=Arbeit/ dardurch man denn unzählich vielerley künst= und nützliche Sachen verrichten/ und in das Werck stellen kan. Als da seynd allerley Werckzeuge/ damit man einen grossen Last mit geringer Mühe/ und wenigen Unkosten/ fortschieben/ führen/ heben/ tragen und bewegen kan. Item/ allerhand Kriegs=Rüstungen/ Werffzeug/ Steigleitern/ Brücken/ Geschoß und dergleichen. Die Pneuma=tica oder Lufft=Kunst/ also auch das Uhr= und Räder=Werck/ Item/ die Wasser=Künste und Mühl=Wercker/ als von welchen zweyen Letztern/ wir in diesem Tractat zuhandeln vorgenommen

Es hat aber der Günstige Leser hiemit zu wissen / daß vor vielen Jahren durch Herrn Jacob de Strada à Rosberg, Civem Rom. Imp. Ferd. Maximiliani & Rudolphi II. antiquarium, &c. Allerhand nützlicher Mühl- und Wasser-Künste zusammen getragen/ und zweiffels ohne/ so Er länger leben sollen/ dieselbige auch ausführlich beschrieben hätte. So hat jedoch nach dessen Tod/ gedachten Herrn de Strada sein Enckel/ Herr Octavius de Strada, obberührte Mühl- und Wasser-Künste nicht im finstern ligen/ sondern Anno 1618. wie dann auch Anno 1629. zum zweyten mal dieselbige öffentlich drucken lassen; Und wiewol gedachte Abriße oder Figuren ziemlich obscur, und unordentlich/ auch deroselbigen Beschreibung oder Erklärung viel zu kurtz/ so haben doch bis dahero bey ein und andern verständigen Künstlern/ solche nicht geringen Nutzen gewircket/ und vollbracht.

Damit aber noch ferner ins künfftige denen Begierigen dieser Sachen damit möge gedienet werden/ so hat der Verleger dieses Wercks/ unterschiedliche Kupffer-Figuren/obgedachter Mühl- und Wasser Künste/ an sich erkauffet/ dieselbige durch mich nicht allein in eine bessere Ordnung bringen/ solche/ so viel immer müglich/ umständlich zubeschreiben/ sondern auch mit vielen neuen und nützlichen/ und zum theil noch nie im Druck gesehenen Kupffern vermehren lassen/ in Hoffnung/ es werde dieses Werck/ welches mit grosser Mühe und Unkosten zusammen gebracht/ von den verständigen Liebhabern in bestem Vernehmte auf- und angenommen werden; Solte sich aber/ wider Verhoffen/ jemand finden/ dieses zu tadeln/ mit Vorwenden/ daß man die eigentliche Proportion und Austheilung aller gedachten Mühl- und Wasser-Wercker hierinnen durch den Circkel und Maß-Stab hätte vorstellen/ und weitläuffiger erklären sollen; Als ist hierauf zu wissen/ daß aus sonderbaren Ursachen dieses mit Fleiß übergangen/ dann es heist/ nach dem alten Sprichwort: Den Geláhrten ist gut predigen; Und muß man den Kindern den Brey nicht gar ins Maul streichen.

Lernet nun jemand etwas gutes aus diesem Tractat, so erkenne er solches mit Danck. Hat er es aber zuvor gewust/ so darff ers nicht lernen/ verachte es aber deßwegen nicht/ sondern gedencke/ daß ihrer vielleicht noch viel seynd/ die solche/ oder dergleichen Sachen nicht wissen.

Verstehet ers nicht/ so lasse er es ungeurtheilt/ ob ein Ochs oder Esel eine Mühle regieret oder nicht. Waß er aber dieses mit gutem Grund umzustossen/ oder zu bessern/ so thue er solches ungescheuet/ jedoch offentlich/ und nicht mit Sophistischen Ufzügen/ heillosen Schmachreden/ Pasquillen/ oder dergleichen/ wie heutigs Tags fast/ wie hoch es auch verbotten/ gemein werden will/ als wollen wir dessen bessern Vortrag gerne annehmen die Calumnien aber abzustraffen der Obrigkeit anheim gestellet haben.

Schlüßlich/ weilen in diesem Tractat mehrertheils von allerhand Mühl-Wercken gedacht und gehandelt wird/ als ist für gut angesehen worden/ die Sächsische Mühl-Ordnung/ wie dieselbige Herr Zeising in dem dritten Theil seines Theatr. Machinar. so zu Leipzig Anno 1612. gedruckt/ angehänget/ hierinn zu Ende dieses Buchs auch beyzufügen/ und dem Künstler zur Nachricht mitzutheilen; Damit aber niemanden/ weder Herrschafften/ noch Ländern/ deroselben alten und wolhergebrachten Gebräuchen im geringsten nicht geschmählert/ noch vorgeschrieben/ wir hiemit in optima forma dargegen protestira/und gebührlich entschuldigt haben wollen/ unterdessen dem geneigten Leser dienstlich recommendirend/ und in Gottes schen Schutz beschlanden.

Register und Ordnung der Figuren
dieses
Buchs.

Fig.		Pag.
I.	Eine Hand-Mühl	1
II.	Eine Hand-Mühl	1
III.	Eine Hand-Mühl	1
IV.	Eine Hand-Mühl	2
V.	Eine Hand-Mühl zur Kupfferdrucker-Schwärtze	2
VI.	Eine Hand-Mühl etwas zustossen	2
VII.	Eine Hand-Mühl zu Gewürtz	2
IIX.	Eine Hand-Mühl zu Getraid	3
IX.	Eine Hand-Mühl zu Getraid	3
X.	Eine Hand-Mühl zu Getraid	3
XI.	Eine Hand-Mühl	3
XII.	Eine Hand-Mühl	4
XIII.	Eine Trett-Mühl zu Leinsamen	4
XIV.	Eine Trett-Mühl zu Frucht	4
XV.	Eine Trett-Mühl zu Frucht	4
XVI.	Eine Trett-Mühl zu Frucht	5
XVII.	Eine Trett-Mühl	5
IIXX.	Eine Trett-Mühl	5
XIX.	Eine Pferd-Mühl	5
XX.	Eine Pferd-Mühl	5
XXI.	Eine Pferd-Mühl	6
XXII.	Eine Pferd-Mühl	6
XXIII.	Eine Pferd-Mühl	6
XXIV.	Eine Gewicht-Mühl	6
XXV.	Eine Gewicht-Mühl	7
XXVI.	Eine Gewicht-Mühl	7
XXVII.	Eine Gewicht-Mühl	7
XXIIX.	Eine Gewicht-Mühl	7
XXIX.	Eine Gewicht-Mühl	7
XXX.	Eine Gewicht-Mühl	8
XXXI.	Eine Wind-Mühl	8
XXXII.	Eine Wind-Mühl	8
XXXIII.	Eine Schleiff- und Mahl-Mühl	8
XXXIV.	Eine Schleiff- und Mahl-Mühl	9
XXXV.	Eine Schleiff- und Polier-Mühl	9
XXXVI.	Eine Schleiff-Mühl	9
XXXVII.	Eine Mahl-Mühl mit einem Pferd	9
XXXIIX.	Eine Schleiff- und Polier-Mühl	10
XXXIX.	Eine Schleiff- und Polier-Mühl	10

XL.

Fig.		Pag.
XL.	Eine vierfache Ochsen-Mühl	10
XLI.	Eine einfache Esel-Mühl	10
XLII.	Eine einfache Ochsen-Mühl	10
XLIII.	Eine Wasser-Mühl	10
XLIV.	Eine doppelte Wasser-Mühl	11
XLV.	Eine einfache Wasser-Mühl	11
XLVI.	Eine Wasser-Mühl durch eine Wasser-Kunst	11
XLVII.	Ein Wasser-Mühl	11
XLIIX.	Ein Wasser-Mühl zu stampffen und zu mahlen	12
XLIX.	Ein Wasser-Mühl	12
L.	Ein Schrott-Mühl	12
LI.	Ein vierfache Schrott-Mühle	12
LII.	Ein Stumpff-Mühl	12
LIII.	Ein Wasser-Mühl mit einer Wasser-Schraub	13
LIV.	Ein Wasser-Mühl mit einer Wasser-Schraub	13
LV.	Ein Mahl-Mühl mit einem Druck-Werck	13
LVI.	Ein Mahl-Mühl mit Schnecken	14
LVII.	Ein Mahl-Mühl mit einer Stampff- und Wasser-Kunst	14
LIIX.	Eine Wind-Mühl / Mahl- und Wasser-Kunst	14
LIX.	Ein Mahl-Mühl mit einem Schöpff-Werck	15
LX.	Ein Seeg-Mühl	15
LXI.	Ein Seeg-Mühl	15
LXII.	Eine Seeg-Mühl	15
LXIII.	Eine Seeg-Mühl	16
LXIV.	Ein Seeg-Mühl	16
LXV.	Eine Seeg- und Mahl-Mühl	16
LXVI.	Eine Seeg-Mühl	16
LXVII.	Eine Pulver-Mühl mit einem Trett-Rad	17
LXIIX.	Eine Pulver-Mühl zum Schrotten	17
LXIX.	Eine Pulver-Mühl	17
LXX.	Ein Pulver-Mühl zum Schrotten	18
LXXI.	Eine Wasser-Kunst	18
LXXII.	Eine Walck-Mühl	18
LXXIII.	Ein Papyr-Mühl	18
LXXIV.	Eine Papyr-Mühl	19
LXXV.	Eine Oel-Mühl	19
LXXVI.	Eine Bohr-Mühl zu Deicheln	19
LXXVII.	Eine Bohr-Mühl zu Deicheln	19
LXXIIX.	Eine Blaß-Mühl	20
LXXIX.	Eine Hammer-Mühl mit Blaß-Bälgen	20
XXC.	Eine Mang-Mühl	20
XXCI.	Ein Bratten-Wender durch Rauch	20
XXCII.	Ein Bratten-Wender durch Rauch	21
XXCIII.	Ein Machina zum Wind durch Gewicht	21
XXCIV.	Ein Schöpff-Werck zu einem tieffen Bronnen.	21
XXCV.	Ein Schöpff-Werck	21
XXCVI.	Ein Schöpff-Werck	22
XXCVII.	Ein Heintz oder Hengsail-Kunst	22
XXCIIX.	Ein einfaches Pomppen-Werck	22
XXCIX.	Ein doppeltes Pomppen-Werck	22
XC.	Ein doppeltes Pomppen-Werck	23

Fig.		Pag.
XCI.	Ein doppeltes Pomppen-Werck	23
XCII.	Ein vierfaches Pomppen-Werck	23
XCIII.	Ein einfaches Pomppen-Werck	23
XCIV.	Ein doppeltes Pomppen-Werck	24
XCV.	Ein vierfaches Pomppen-Werck	24
XCVI.	Ein vierfaches Pomppen-Werck	24
XCVII.	Ein vierfaches Pomppen-Werck	25
XCIIX.	Ein doppeltes Pomp-und Druck-Werck	25
XCIX.	Ein dreyfaches Pomppen-Werck	25
C.	Ein Wasser-Kunst mit einem Schöpff-Rad	25
CI.	Ein doppeltes Pomppen-Werck	25
CII.	Eine doppelte Pomppe	26
CIII.	Ein dreyfaches Pomppen-Werck	26
CIV.	Ein Wasser-Kunst	26
CV.	Eine Wasser-Kunst mit Schöpff-Rädern	26
CVI.	Eine Wasser-Kunst mit Schöpff-Rädern	27
CVII.	Ein doppelte Pomppe mit einem Tret-Rad	27
CIIX.	Ein Wasser-Kunst mit einem Taschen-Werck	27
CIX.	Eine Wasser-Kunst mit einem vierfachen Druck-Werck	27
CX.	Eine Wasser-Kunst mit einem vierfachen Druck-Werck	27
CXI.	Eine einfaches Pomppen-Werck	28
CXII.	Ein doppelte Pomppe	28
CXIII.	Ein einfaches Werck mit Heng-Sailen	28
CXIV.	Ein dreyfaches Kugel-Werck	28
CXV.	Ein einfaches Kugel-Werck	29
CXVI.	Ein doppeltes Kugel-Werck	29
CXVII.	Ein einfaches Kugel-Werck	29
CXIIX.	Ein vierfaches Pomppen-Werck mit Schiffen	29
CXIX.	Ein Schöpff-Werck mit Kästen	29
CXX.	Ein Schöpff-Werck mit Kästen	29
CXXI.	Ein Schöpff-Werck mit Kästen	30
CXXII.	Ein Schöpff-Werck mit Kästen	30
CXXIII.	Ein Schöpff-Werck mit Kästen	30
CXXIV.	Ein Schöpff-und Pomppen-Werck	30
CXXV.	Ein dreyfaches Schöpff-Werck mit gevierten Kästen	31
CXXVI.	Ein vierfaches Schöpff-Werck mit Kästen	31
CXXVII.	Ein sechsfaches Schöpff-Werck mit Kästen	31
CXXIIX.	Ein sechsfaches Schöpff-Werck mit Kästen	32
CXXIX.	Ein Einfaches Schöpff-Werck mit Kästen	32
CXXX.	Ein einfaches Schöpff-Werck mit einer Stampff-Mühl	32
CXXXI.	Ein doppeltes Schöpff-Werck mit Kästen samt zweyen Pomppen	33
CXXXII.	Ein Schöpff-Werck mit Kästen samt einem Schöpff-Rad	33
CXXXIII.	Ein einfaches Schöpff-Werck mit Kästen	33
CXXXIV.	Ein Söpff-Werck mit Bulgen	33
CXXXV.	Ein Schöpff-Werck mit Kästen	34
CXXXVI.	Ein Schöpff-Werck mit Kästen	34
CXXXVII.	Ein Schöpff-Werck mit Bulgen	34
CXXXIIX.	Ein Schöpff-Werck mit Krügen	34
CXXXIX.	Ein Eymer-Werck mit einem Tret-Rad	35
CXL.	Ein Druck-Werck	35
CXLI.	Ein vierfaches Druck-Werck mit einem Tret-Rad	35

Fig.

CXLII.	Ein zweyfaches Druck-Werck mit einem Trett-Rad	
CXLIII.	Ein doppelt Druck-Werck mit einem Gewicht	
CXLIV.	Ein vierfaches Druck-Werck mit einem Gewicht	
CXLV.	Ein vierfaches Druck-Werck	
CXLVI.	Ein Blaß-Werck mit einem Schwung-Rad	3.
CXLVII.	Ein Blaß-Werck mit einem Gewicht	37
CXLIIX.	Ein Schöpff-Werck mit Kästen und einer Schnecken	37
CXLIX.	Ein sechsfaches Schnecken-Werck mit vier Pomppen	37
CL.	Ein Wirbel- oder Schnecken-Kunst	38
CLI.	Ein Wirbel- oder Schnecken-Kunst mit Schleiff-Rädern	38
CLII.	Ein doppelte Wirbel- und Schnecken-Kunst / mit einem doppelten Druck-Werck.	38
CLIII.	Ein nützliche Pomppe	39
CLIV.	Zwo Wasser-Sprützen in Feuers-Nöhten zu gebrauchen	39

Anhang und Beschluß.

Ende deß Registers.

Beschrei-

Beschreibung
Der
Ersten Figur.
Eine Hand-Mühl.

JSt bey einer Haußhaltung/ oder wo man sonsten Wasser-Mangel hat/ insonderheit bey Vestungen/ in-und außerhalb Beldgerungen sehr nützlich/ wird durch eine Person regieret/ und kan man in wenig Zeit zimlich viel Frucht damit mahlen/ derselben Anrichtung und Zusammensetzung ist in der Figur außführlich mit allen Umständen vorgebildet/ also/ daß es keiner sonderbaren Beschreibung von nöthen hat/ und weiset der Buchstab A. den Kasten und Trächter/ wo man das Getrdid einschüttet. B. ist der Schuh desselben/ welcher beweglich an beyden Wellbäumlein C. hänget/ welche die Schuh regieren/ und seynd bey D. die zwo Schrauben angewiesen/ damit man den Stein richtet/ es kan auch zu besserem Lauff oder Beyhülf des Triebs ein Schwung-Rad oder zwey Schwengel E. E. angeordnet werden/ auch ist F. ein Trillis an dem Kam-Rad/ welcher oben in die Zung K. eingreiffet/ so oben den Schuh regieren/ die Kurbe H. dienet zu dem Umtreiben/ der Beutel ist bey L. vorgebildet/ auch weiset das profil oder Durchschnitt dieser Mühl eigentliche Beschaffenheit/ also daß es ohne Noth/ wie gedacht/ fernern Bericht darvon zu geben.

Die II. Figur.
Eine Hand-Mühl.

GEgenwertige Hand-Mühl kan von einem schlechten Gestell und Holtz verfertiget/ und gar leichtlich mit einem Schwung-Rad P. O. so eine getröpffte Hand habe A B C. hat/ durch eine Person regieret werden/ und solle an dessen gevierdten Wellbaum/ ein an der Seiten gezahntes Rad

E. F. R. haben/ welches mit seinen Zapffen/ in den Trillis oder Ober-Geschirr G. eingreiffet/ dasselbige sampt dem Mühlstein Q. herum führet/ und also das Getrdid mit seinem Umlauf zermahlet. Was aber die proportion oder Stärcke dieser Mühl anbelanget/ so solle das Schwung-Rad P. O. auffs wenigste zwölff Schuh/ und also schwer seyn/ als der Mühl-Stein Q. ist/ welcher in diese proportion gesetzet/ daß er im Diam. zwen und einen halben Schuh halten solle/ das gezahnte Rad oder Scheiben E. F. aber solle vier und zwantzig Seiten-Nägel/ und das Ober-Geschirr oder Trillis G. acht Spindeln haben/ damit/ wann das Rad O. P. einmal umgehet/ wird der Mühlstein Q. unterdessen dreymal herum gelauffen seyn.

Nota. Der Kasten des Einschüttens oder Aufftragung des Getrdids/ wie auch der Ablauff des Meels/ und Beutel-Kastens ist mit Fleiß/ (weilen solches gemein und einem jeden bekand) in dieser Figur ausgelassen worden/ ist aber nicht allein durch vorhergehende/ sondern nachfolgende Figuren leichtlich zuverstehen/ und ins Werck zu setzen/ nur ist hierbey auch in acht zu nehmen/ daß/ ob schon der Diameter der Scheiben E. F. kürtzer/ und ein Rad von sechszehen Zähnen oder Zapffen gemacht würde/ so wird das Schwung-Rad dardurch/ wie auch der Mühlstein viel geschwinder und stärcker umblauffen/ auch wird der geübte Werckmeister/ so er fleissig nachsuchet in diesem Stück etwas besonders finden/ welches wir hiemit mit Fleiß anzeigen und notiren wollen. Sapsat. dict.

Die III. Figur.
Eine Hand-Mühl.

DIese Hand-Mühl ist fast gebräuchlich/ kan durch zwo Personen mit zween Zieh-armen X. V. leichtlich regieret werden/ wird durch ein schlechtes Gestell auffgericht/ und solle mitten unter dem Mühlstein

A
ein

ein Schwung-Rad von drey Gewichtern/ mit einem über sich gehenden doppel gekröpfften Eisen haben/ worauff der Mühlstein Z. befestiget/ und damit umlauffet/ das Korn oder die Frucht wird in den Kasten B. eingeschüttet/ und kan der Mühlstein A. E. übersich und untersich gerichtet werden.

Die IV. Figur.
Einer Hand-Mühl.

Dieses ist ein andere Art einer Hand-Mühl/ und ist dieselbige etwas weitläufftiger/ auch kostbahrer/ als die vorhergehende/ kan aber durch zwo Personen/ mit Hülff zweyer Schwung-Räder E. M. gar leichtlich umgetrieben und guberniret werden/ in dem man mitten an den Wellbaum der beyden Schwung-Räder ein Spindel-Rumpff L. machet/ welcher mit seinen Spindeln/ welche von gutem Eisen/ oder starcken Holtz seyn sollen/ in ein grosses Stirn-Rad N. eingreiffet/ dasselbige mit Gewalt herum führet/ welches alsdann noch ferner mit seinem auff der Seiten gezahnten Rad/ in den letzten Spindel-Rumpff O. eingreiffet/ denselben sampt den Mühlstein P. herum treibt/ und die Frucht oder Getraid/ so in den Kasten Q. eingeschüttet zu Meel machet/ und also ferner dasselbige in den Meel-Kasten R. ausschüttet.

Die V. Figur.
Einer Hand-Mühl zur Kupffer-drucker Schwärtz.

Diese Hand-Mühle ist zu vielen Sachen dienstlich/ insonderheit aber kan dieselbige zur Mahlung der Weintrussen/ welche man zur Kupferdrucker Schwärtz machet/ gar nützlich gebraucht werden/ und kan man dieselbige/ auf einer breiten Banck/ welche von zimlich starcken Holtz seyn solle/ leichtlich anordnen/ nemlich/ man mache bey A. ein gekröpfftes starckes Eisen/ (es kan solches auch wol von Holtz seyn) solle aber einen Spindel Rumpf B. haben/ dessen Spindeln das Horizontal-Rad C. ergreiffen/ an dessen Wellbaum alsdann ferner ein anderer Spindelrumpf/ welcher des Rads

C. Zähne ergreiffet/ nicht allein dasselbige/ sondern auch durch dasselbige den Spindelrumpf F. letzlichen sampt dem Mühlsteine G. herum führet/ und durch den Stein H. die Materi/ so zu mahlen in L austreibet.

Die VI. Figur.
Einer Hand-Mühl.

Durch diese Hand-Mühl kan man etwas/ was man zerstossen soll/ gar bald ins Werck richten/ dienet insonderheit zu dem Pulvermachen auf Vestungen oder Berghäusern/ wo man kein Wasser/ oder ander Gelegenheit/ haben kan. Es wird aber diese Hand-Mühl durch eine Person mit einem Zieh-Arm A. leichtlich regieret/ in deme an gedachtem Arm ein Schiebeisen B. welches das gekröpffte Eisen C. an dem auffrechten Wellbaum D. beweglich umgeben solle/ durch dessen Hülff der auffrechte Wellbaum D. umgetrieben wird/ in dessen Spindelrumpf E. solle ferner ein anders auf der Seiten gezahntes Rad F. mit seinen Zapffen eingreiffen/ damit solches von gedachtem Rumpf/ sampt dessen Wellbaum G. umgetrieben/ und mit seinen Armen H. die Stössel L aufheben/ und wiederum fallen lassen könne.

Nota, zu leichterm Zug des gantzen Wercks/ kan man ein- oder zwey Schwungräder K L. anordnen/ welches dem geübten Werckmeister und Künstler/ nach Beschaffenheit der Sachen/ hiemit frey gestellet wird.

Die VII. Figur.
Ein andere Manier einer Hand-Mühl.

Ist ebenmäsig eine Hand-Mühl/ kan nach beliebender Grösse gemacht werden/ hat zur Handhabe eine Kürbe/ und gekröpfften Arm/ so mit A. bezeichnet/ und ist an derselben Wellbaum das Kam-Rad B. angefüget und fest gemacht/ solches Kam-Rad kan auch nach Belieben in so viel Zähne als man will/ ausgetheilet werden/ nach welchen sich dann auch der Trillis C. richten muß/ und solle derselbige zu besser Befestigung der Stange G. gevierd eingesetzet werden/ das obere Corpus H. so durch

den

den Trillis umgetrieben wird / kan von guten
festen Holtz / fast in der Form wie die eiserne
Wasser-Mühlen / verfertiget / und mit eisernen
Rippen K. gleichsam umwunden / eingesencket
werden / wie dann ebenmäßig das untere Corpus L. auch auff solche Weiß zugerichtet werden solle; Es wäre auch gut / daß man die ge-
vierdte Stange G. sampt dem Trillis C. übersich und untersich richten könte / damit man also / wo es von nöthen / grob und rein mahlen
möchte / welches dann der Handgriff im Werck
selbst weisen wird / zur Hälff und Erleichterung
des Triebs ist oben an der gevierdten Stange
G. ein Schwung-Rad F. auffgesetzt / so entweder von Stein / welches aber besser von Holtz
mit Bley auff dessen Ranfft eingegossen / oder
ein anderer Schwung an dessen statt angeordnet werden. D. ist die Stange zu der Bewegung des Beutels E.

Nota. Es werden auch dergleichen Hand-
Mühlen / von Mössing oder Eisen groß oder
klein gemacht / und wird die Erfahrenheit einem jeden selbst an die Hand geben / welche für-
träglicher und tauglicher seyn möchten.

Die VIII. Figur.
Einer Hand-Mühl.

Dieses ist eine Gattung einer Hand-Mühlen / welche ohne Kam-Rad mit einer ge-
tröpfften Kürben A. durch die Stangen F. gezogen / und also der Mühl-Stein E. durch das
eingesetzte Eisen A. umgetrieben wird / zu besserer Hälff und Leichtigkeit / des umtrebens aber
ist das Schwung-Rad B. mit drey anhangenden Gewicht-Steinen FFF. angeordnet / und
sollen solche drey Gewicht-Stein / in den Ecken
eines gleichseitigen Trianguls / dessen drey
Spitzen GGG. jede gleich weit von dem Balcken H. angehenget werden.

Nota. Die Stange oder der auffrechte
Wellbaum H. solle unten bey L. auff ein gehärte
Spitze in einer stählin oder mössing Schüssel
gehen; Es wird aber dem Künstler frey stehen /
solche Stangen unten auffzusetzen / nach Belieben / wie man will. C. D. ist zur Bewegung
des Beutels / solle aber bey H. nicht umgehen /

noch fast angemacht werden / und soll der Stecken L. ledig bey D. anschlagen.

Die IX. Figur.
Einer Hand-Mühl.

Dieses ist eine Art einer Hand-Mühl /
welche fast der vorigen gleich / nur daß
solche ein Kam-Rad A. mit einem Trillis B.
hat / unten aber mit einem niedrigen Schwung-
Rad D. und getröpffter Stange. E. die Bewegung des Beutels ist in der Figur bey C.
zu sehen.

Die X. Figur.
Einer größern Hand-Mühl,

Gegenwärtige Hand-Mühl wird von
zweyen Personen durch die beyde Stangen C. D. so die getröpffte Stange B. fassen / umgetrieben / und werden die beyde Stangen bey E E. auff einem festen liegenden Balcken / beweglich angemacht / und richtet sich die
Länge derselben nach der Höhe der Personen / so
dieselbige bewegen / welche Stangen gemeinig-
lich von fünff biß sechs Schuh lang seyn sollen; Bey A. kan abermahlen zu besserem
Schwung und leichterer Mühe ein Rad mit
Bley auff dem Ranfft eingegossen / angeordnet
werden / der Zapffen F. solle / wie oben erwehnet / von Eisen in eine mössing Schüssel gehen.

Nota. Wo man Hirschen oder andere dergleichen Früchte zu schelen / oder zu stampffen
hätte / kan man einen runden Klotz H. so unten
bey K. mit Eisen beschlagen seyn solle / mit einem
Trett-Balcken I. anrichten / und von einem die
Frucht in dem holen Baum / so gleich einem
Mörsel geformet / fein schelen / wie bekant / also
unnöthig weiter Umstände darvon zu machen.

Die XI. Figur.
Einer Hand-Mühl.

Diese Art einer Hand-Mühl / ist etwas
weitleufftiger und kostbarer / als die vorige / denn sie hat erstlich zwey Schwung-
Räder A. und B. also auch zwey Trillis C. D.

in welc

in welche das Stirn-oder Kamrad E. eingreift/
hat eine gekröpffte Stange F. welche durch die
Stange G. mit einer oder zweyen Personen kan
regieret werden/die Bewegung des Beutels geschieht durch die Stange H. und kan L von Holtz
und Eisen/wie oben gedacht/verfertiget/und also angeordnet/werden/damit man L hoch oder
niedrig richten könne/welches dann jederzeit
bey diesen Gattungen der Mühlen in acht zu
nehmen seyn wird.

Nota. Die beyde Schwung-Räder A. und
B. können mit angehengten Gewichtern oder
eingegossenem Bley auff dem Rande derselben/
je nach eines jeden Belieben oder Gutachten
verfertiget werden.

Die XII. Figur.
Einer andern Hand-Mühl.

Jeses ist die zwölffte Gattung einer Hand-
Mühl/welche fast der vorigen gleich/hat
aber nur ein Schwung-Rad A. beneben dem
Stirn-Rad B. und einem Trillis C. sampt der
gekröpfften Stange D. welche durch die Stange E. beweget/und durch eine Person kan regieret
werden/die Bewegung des Beutels geschieht
durch das Stänglein F. und wird das Corpus
G. gleichmässig/wie oben gedacht/zugerichtet.

Nota. Es wären zwar noch vielerley Gattungen von Hand-Mühlen beyzufügen/wel-
len aber der verständige Künstler aus vorhergehenden Anleitungen zu andern gnugsam haben wird/als seynd solche/zu Verhütung fer-
nerer Weitläuffigkeit mit Fleiß übergangen/
und aussen gelassen worden.

Die XIII. Figur.
Eine Trett-Mühle.

Jese Mühl/so durch ein grosses gehäng-
tes Trett-Rad A. mit zwey Personen getretten und beweget wird/hat an dessen
Wellbaum beyderseits bey C. und D. einen
Trillis/in welche die beyde Stirn-Räder F.
und G. so wol auch unten noch in zwey andere
Trilles eingreiffen; Es kan aber durch die beyde Steine H. und L eine Materi/so man zerknirschen will/als da seynd entweder Kohlen
zu dem Pulvermachen oder Leinsamen. Item
Maß-Randeln und dergleichen/sehr nützlich

ger mahlet oder zutruckt werden/die Löffel L.L.
kan man nach Belieben bey K. K. anbinden/da-
mit sich die Materi/allezeit besser unter den
Stein führe/welches die Erfahrenheit bey dergleichen Mühlen selbst lehren wird.

Die XIV. Figur.
Eine Trett-Mühl

Jese Gattung einer Mühlen/kan durch
ein flach liegendes Rad A. mit einer
Person leichtlich getretten werden/ das
liegende Rad aber/muß unten her fast an dessen äussersten Rand wie bey F. zu sehen/starcke
Zapffen haben/damit dieselbige in die Stecken
des Wellbaums bey B. eingreiffen/und also den
Umlauff des Wellbaums G. verursachen; An
dem Wellbaum ist vornen das Kamrad C. befe-
stiget/so mit seinem Kam in den Trillis D. greif-
fet/auff welchen Trillis alsbann ferne der um-
laufende Mühlstein befestiget/und durch den darauff liegenden Stein E. das Seinige verrichtet.

Nota. Je grösser der Diam. oder die Weite
des Trett-Rads über Haupt/je leichter dasselbige zu tretten ist/insonderheit wann solches
auch nicht gar zu niedrig geleget wird/jedoch ist
darbey auch in acht zu nehmen/daß man es nit
allzu hoch leget/und werden ins gemein in solchem Legel die 30. 40. biß 45. Grad beobachtet.

Die XV. Figur.
Einer Trett-Mühl

Jeses ist eine doppelte Mühl/hat ein grosses Trett-Rad N. so durch Hülff zweyer
Personen kan regieret werden/und hat gemel-
tes Rads Wellbaum auff beyden Seiten ein
Stirn-Rad welche in die Stecken bey M. und
L. eingreiffen/und damit die beyde angemachte
Räder/derer neben Zapffen die beyde Trillis
P. Q. greiffen/herum führen/und also der Umlauff der Mühlsteine bey R. und S. verursachen
in die Kästen V. und T. wird das Getraid/oder
was man mahlen will/eingeschüttet/und der
Auslauff in die beyde Kasten Z. X. geführet/
und kan das Gebäu zu dieser Mühl/je nach
deme es eines jeden Gelegenheit leiden will/an-
geordnet werden.

Nota. Hierbey ist in acht zu nehmen/daß
man das Trett-Rad nicht gar zu klein machen
solle/

solle/dann je grösser die Circumferentz oder Um-
treiß desselben/ je leichter solches zu tretten/wel-
ches nicht allein in dieser/ sondern auch in nachfolgenden jederzeit wol zu beobachten seyn wird.

Die XVI. Figur.
Eine Trett-Mühl.

Jeses ist eine einfache Mühl/ so auch ein
Trett-Rad A. hat/ welches durch eine
Person leichtlich kan getretten werden/ an dem
Wellbaum des Trett-Rads ist das Stirn-
Rad B. befestiget/welches in die Stecken C. ein-
greiffet/und also dardurch das Rad D. welches
in den Trillis bey C. greiffet/ sampt dem Umlauff des Mühlsteins bey F. verursachet/ und
kan bey dieser Mühl die Bewegung des Beutels durch die auffrechte Stange G. leichtlich
angeordnet werden.

Die XVII. Figur.
Eine Trett-Mühl.

Egenwärtige Mühle wird (wo man
Wasser mangel hat) an einem bequemen
Ort mit einem grossen Trett-Rad C. welches an dem Wellbaum A. befestiget/ und mit
den Füssen herum getrieben werden kan/ ange-
ordnet/ und kan dieselbige durch zwo Personen
leichtlich reguliret werden/der Wellbaum A. welcher einen eisern Zapffen hat/und auff F. stehet/
hat unten bey D. ein Spindel-Rad/welches mit
demselbigen den Kam des Rads G. ergreiffet/
dasselbige alsdann ferner mit seinem Wellbaum
O. umführet/an welchem Wellbaum denn noch
weiter ein Kam-Rad H. angeordnet/ welches
auff beyden Seiten wiederum zwey Trillis I. er-
greiffet/und die Zapffenräder K.K. deren Trillis
samt dem Mühlstein L.L. umlauffent machet:

Nota. Wann man Platz hat/ könte man
noch mehr Getrieb und Mühlsteine bey diesem
Werck anordnen/auch zu Beyhülff und Leichtigkeit des Umtreibens/Schwung-Räder darbey ansetzen/ je nachdeme es dem geübten Mei-
ster gefallen oder belieben möchte/ derotwegen
solche alhier mit Fleiß ausgelassen und übergangen werden/worbey dann auch noch ferner
in acht zu nehmen/ je grösser oder weiter die Circumferentz oder der Umlauff des Trett-Rads
C. wie oben gedacht/genommen wird/ je leichter

dasselbige zu tretten ist/ wie solches das Werck/
und die Erfahrenheit selbsten lehren wird.

Die XVIII. Figur.
Eine Trett-Mühle.

Jeses ist eine Gattung einer Mühle/wel-
che durch ein Pferd A. getretten/und also
durch Fortschiebung des Rads B. das Kam-
Rad C. welches in das liegende Rad D. ein-
greiffet/durch den Trillis E. den Mühlstein F.
umlauffend verursachet/ worbey in acht zu neh-
men/ daß man das Pferd also stellen solle/ daß
desselben hintere Füsse/ weiter über den Wellbaum (verstehe über desselb perpend. oder Bley-
recht/)hinaus zu stehen kommen/und also zu Fort-
treibung des Rads/ desto bequemer seyn möge.

Die XX. Figur.
Eine Pferd-Mühl.

Egenwärtiger Abriß dieser Mühl/wel-
ser eine Gattung/ wo man nicht Wasser
haben kan/ daß man jedoch die Mühle/ durch
den Trieb eines Pferds/ leichtlich anordnen
und nützlich gebrauchen möge/ und wird das
Horizontal liegende grosse Rad H. durch die
Stange B. woran das Pferd D. angespannet/
umgetrieben/ welches Rad dann mit seinem
Kam in den Trillis C. eingreiffet/und also durch
denselbigen der Mühlstein A. herum lauffend
gemacht wird/der Hebel E. aber weiset/wie man
den Mühlstein hoch oder niedrig richten könne/
welches leichtlich geschehen kan/wann man den
eisern Zapffen/in die Löcher bey G. höher oder
niedriger/ (je nachdem es von nöthen) durch-
schiebet/ und den Mühlstein in solcher Höhe/
durch Hülff des an den Hebel E. angehengten
Gegengewicht F. erhält/ welches dann bey dieser und auch andern Gattungen der Mühlen
sehr nützlich seyn wird/ und also ferner zu er-
innern/ für unnötig geachtet wird.

Die XX. Figur.
Eine Pferd-Mühl.

Jese Art einer Mühl / wird gleichmässig wie die vorige/ durch ein Pferd
oder ander Thier reguliret/ wann nemlich das grosse Horizontal liegende Kam-
Rad S. mit seinem Kam in die Spindeln des

Trillis

Die Gewichter/können durch Hülff zweyer Männer mit einer Haspel-Waltze H. welche ein Sperr-Feder haben solle/ auffgezogen werden/ und sollen die Gewichter langsam herunter gehen/ welches dann desto füglicher/ durch die Wechsel-Scheibe/ kan Werckstellig gemacht werden/ und machen solche nichts destoweniger die Bewegung mit erforderter Behendigkeit umgehen.

Die XXX. Figur.
Eine Gewicht-Mühl.

Diese Mühl/ wird durch unterschiedliche angehängte Gegengewichter A, B, C, mit dreyen Kürben F. S. Q. auffgezogen/ auch ist das Gewicht A, an die Wechsel-Scheiben/ D. angehenget/ und das Sail derselben durch die ander Wechsel-Scheibe E. durch gezogen/ welches sich ferner auff die Waltze H. auffwindet/ das Stirn-Rad/ I. solle zu dem Auffziehen/ eine Sperr-Feder/ gleichwie die Waltzen bey den gemeinen Uhren/ haben/ damit solche nicht zurück ablauffen könne/ an diese Waltze mit der Sperr-Feder/ wird noch ferner das Stirn-Rad L. angeordnet/ welches mit seinem Kam in die Stecken bey M. eingreiffet/ und das Rad N. sampt den beyden Trillis O. und V. die Mühle S. so von Eisen oder Messing/ auff eine und andere Seiten umlauffend machet/ und kan solche Art füglich zu einer Würtz-Mühl gebrauchet werden. Was sonsten bey dieser Mühl zu beobachten/ weiset die Figur tlärlich bey P. Q. R. S. T. V. an/ und also ohne Noth umständiger zu beschreiben.

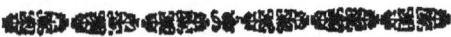

Die XXXI. Figur.
Eine Wind-Mühl.

Diese Mühl/ wird in einem Thurn/ so von Mauerwerck auffgeführet/ angeordnet/ und kan man das Dach des Thurns zusampt den vier Flügeln/ mit dem Wellbaum B. an welchem ferner das Kam-Rad der Mühle angemachet/ durch den Baum A. auff welche Seiten man solches nöthig/ umführen/ und wird die Winde G. allezeit bey C. angehänget.

Die XXXII. Figur.
Eine Wind-Mühl.

Diese Mühl/ kan man fast wie die vorige/ mit dem Baum S. umführen/ und solche gegen Wind richten/ wohin man will/ und hat der Wellbaum/ woran die Flügel befestiget/ ein Kam-Rad Z. welches mit seinem Kam/ in den Trillis X. eingreiffet/ und also den Mühlstein V. umführet/ die vier Flügel können aus Vorschub des Reiffs/ so das Kam-Rad umgibt/ zusammen gezogen werden/ so man die Mühl stellen will/ und durch Hülff zweyer Würbel mit durchgezogenem Sail/ und dem Balcken R. auff und nieder lassen kan/ bey Q. könte man eine Haspel-Winde/ damit die Korn-Säcke auff-und abzuziehen/ anordnen.

Die XXXIII. Figur.
Eine Schleiff- und Mahl-Mühl.

Diese Mühl ist anzuordnen/ wo man nicht Wasser hat/ daß solche durch ein Pferd/ oder ander Thier/ umgetrieben werden kan/ welches geschiehet/ wann der auffrechte Wellbaum/ A. mit dem Horizontal liegenden Kam-Rad umgetrieben wird/ und greiffet dieses Rad/ mit seinen untersich hangenden Zähnen/ in die Stecken des Trillis C. ein/ welches noch ferner das perpendiculare Rad D. sampt dem obern Trillis H. auff welchem der Mühl-Stein sitze/ umtreibet/ und zugleich die Rund-Scheiben E. und F. sampt den Schleiff-Stein G. herum lauffen machet.

Nota. So man nur die Mühl und keine Schleiff-Mühl haben wolte/ darff man nur die runde Scheiben E. darvon lassen/ wolte man aber keine Mahl-Mühl haben/ so thut man das perpendiculare Rad D. darvon/ welches ein guter Werck-Meister/ mit ab-und zusetzen die Räder und des Getriebs/ ohne ferner Beschreibung/ wird wissen anzuordnen.

Die

Die XXXIV. Figur.

Eine Mahl- und Schleiff-Mühl.

Diese Mühl/ wird auff eine andere Wei-
se/ gegen die vorige/ angerichtet/ und kan
solche ebenmäßig/ so man Wassermangel hat/
durch ein Pferd/ Ochsen oder anders Thier
angetrieben werden/ und wird ein auffrechter
Wellbaum A. gleich wie in vorhergehender
Mühl/ mit einem Horizontal liegenden Kam-
Rad angeordnet/ welches Rad/ mit seiner
Stirn in die Stecken des Wellbaums D. bey
C. eingreiffet/ und damit noch ferner/ die beyde
Horizontal liegende Räder/ G. und H. um-
treibe/ welche Räder/ mit ihren Zähnen/ noch
weiter in die Stecken der beyden Trillis L. und L
eingreiffen/ und also zugleich den Mühlstein N.
wie auch den Schleiffstein K. umführen/ der
Beutel-Stecken kan bey M. süglich angeordnet
werden.

Nota. Zu Erleichterung des Zugs/ und
Umlauffen der Steine/ kan man an den auffrechten Wellbaum D. ein Schwung-Rad E.
anordnen/ und an dessen Umlauff Gewichte/
F. anhängen/ were am allerbesten/ so man solches Rades Circumferentz oder Umkreiß/ in
drey gleiche Theil theilet/ und an jedes Drittel
ein Gewichtstein anhänget/ wird solches als-
dann/ viel einen bessern Schwung haben/ als
wanns in mehr Theil getheilet worden/ welches dann die Erfahrenheit/ in dem Werck selb-
sten/ lehren wird/ und solle dieses nicht allein/
bey gegenwärtiger Mühl in acht genommen/
sondern auch bey allen Schwungrädern obser-
viret werden/ derowegen ferner Erinnerung davon zu thun/ unnöthig erachtet wird.

Die XXXV. Figur.

Eine Schleiff- und Polier-Mühl.

Diese Mühl/ wird an einem fliessenden
Wasser/ zum bequemsten anzuordnen
seyn/ und treibe das Wasserrad A. mit
seinem Wellbaum/ das daran befestigte Stirn-
rad/ B. herum/ welches mit seiner Stirn oder
Kam in die Spindeln des Wellbaums D. bey
C. eingreiffet/ damit die Steine E. L. L. also auch

F. G. H. K. herum lauffen machet/ und wird diese Mühl/ durch vorhergehende gnugsam ver-
standen.

Die XXXVI. Figur.

Eine Schleiff-Mühl.

Weilen gegenwärtige Schleiff-Mühle/
der vorigen fast gantz gleich/ hat es keiner sonderlichen Beschreibung von nöthen/
dann/ wie man siehet) es treibet das Wasser-
rad A. mit seinem Wellbaum/ das Kamrad B.
welches ferner in die Spindeln bey C. eingreif-
fet/ und den Trillis/ sampt dessen Wellbaum
D. an welchem die Schleiffstein befestiget/ herum treibet/ aber halb bey I. kan eine Wasser-
rinne/ auff die Schleiffsteine zum Netzen ge-
führet/ und nach Gelegenheit des Orts angerichtet werden.

Die XXXVII. Figur.

Eine Mahl-Mühl mit einem Pferd.

Dieses ist eine schöne Invention , einer
Mahl-Mühle/ so von Herrn Joh. Faul-
haber/ seel. 1620. erfunden/ und ist derselben
Structur und Anordnung leichtlich aus der Figur abzunehmen/ in deme an die Achs des umgehenden Rads A. das Pferd angespannet
wird/ welches hernach in dem herumziehen/
den Wellbaum D. wie auch das schröge liegende und zugleich mit umgehende Rad C. sampt
einem noch zum Uberfluß angeordneten
Schwung-Rad B. mit dem darüber geordneten Horizontal liegenden Kamrad E. beneben
dessen Trillis mit dem Mühlstein/ umlauffend
machet.

Nota. Diese Mühl könte auch durch eine
andere Bewegung/ als durch das Pferd umgetrieben werden/ welches dem geübten Künst-
ler/ leichtlich zu thun seyn wird/ und derowegen alhie der Sachen nachzudencken überge-
ben/ und zu erinnern/ nicht ohne Ursach hat
umgangen werden können.

B

Die

Die XXXVIII Figur.
Eine Mahl- und Schleiff-Mühl.

Diese Mühl/wird an Mangel Wassers/durch ein Pferd/oder anders Thier/getrieben/und ist an dem übersich stehenden Baum F. das Horizontal liegende Rad A. angeordnet/welches mit seinen unter sich hangenden Zähnen/in die Spindel/oder Stecken bey D. eingreiffet/und damit den Wellbaum K. K. umführet/an welchem dann ferner/das auff die Seiten gezahnte Rad B. befestiget/so mit seinen Zähnen in beyde Trillis C. und G. eingreiffet/damit so wol den Mühlstein E. als auch den Schleiffstein H. umlauffend machet.

Die XXXIX. Figur.
Eine Schleiff- und Polier-Mühl.

Diese Mühl/kan an einem Wasserfluß angeordnet werden/und treibe das grosse Wasser-Rad E. den Wellbaum F. an welchem das gezahnte Rad A. auff beyden Seiten in die Trillis B. und C. eingreiffet/damit die Steine G. G. H. umführet/und kan der Fall des Wassers/durch den Haspel D. und dem Schutz-Brett C. nach Belieben gestellet/und wie bey gemeinen Mühlen gebraucht/ab- und zugelassen werden.

Die XL. Figur.
Eine Vierfache Mahl-Mühl.

Diese Mühle hat vier Gänge/kan durch Pferd oder Ochsen/(wo man Wasser-Mangel hat) umgetrieben werden/und wird an den aufrecht stehenden Wellbaum B. ein grosses Horizontal liegendes gezahntes Rad C. befestiget/welches mit seinem Kam/in die zwey sichtbare/also auch in die zwey unsichtbare Spindeln bey D. D. eingreiffet/und die vier Mühlsteine E. E. E. E. umtreibe.

Die XLI. Figur.
Eine Roß-Mühl.

Dieses ist eine Gattung/einer Mühl/welche durch ein Pferd/Ochsen oder Esel/(NB) kan umgetrieben werden/und ist an

dem übersich oder auffrecht stehenden Wellbaum/A. das Horizontal liegend Kam-Rad B. befestiget/welches mit seinem Kam in die Stecken bey C. eingreiffet/und dadurch den andern auffrechtstehenden Wellbaum D. samt dem gezahnten Rad E. umtreibet/welches mit seinen Zähnen ferner in die Spindeln F. eingreiffet/und dadurch den Mühlstein H. umlauffen machet.

Nota. Zu leichterm Gang und besserer Hülff des Triebs/kan man das Schwung-Rad G. anordnen/und sollen an dasselbige/drey und nicht vier Gewichter I. wie albereit hie oben erwehnet worden/angehanget werden/die Ursachen aber und der Nutzen wird die Erfahrenheit selbsten geben.

Die XLII. Figur.
Eine Ochsen-Mühl.

Diese Mühl ist in der Figur nicht allerdings wol vorgebildet/in deme das Horizontal liegende Kam-Rad B. so an den übersich aufrecht stehenden Wellbaum A. befestiget/viel zu klein/und das Spacium zwischen beyden aufrecht stehenden Wellbäumen A. und H. viel zu eng/also der Umgang des Thiers dardurch verhindert/und derowegen solches umzutreiben nicht müglich ist; Als ist hierbey in acht zu nehmen/daß man das Kam-Rad B. so viel müglich/vergrössere/damit das Spacium zwischen beyden Wellbäumen A. und H. erweitert/und das Thier/so diese Mühl umtreiben solle/unverhindert seinen Umgang haben könne/den Umlauf des Mühlsteins/kan man aus vorhergehenden/und auch aus der Figur umständig gnugsam ersehen/auch solle bey dem Schwung-Rad G. in Anhengung der Gewichte I. was in vorgehenden und obigen Figuren erwehnet worden/der dritte/und nicht der vierte Theil von der Circumferentz des Rads/wol in acht genommen werden.

Die XLIII. Figur.
Eine Wasser-Mühl.

Diese Mahl-Mühl/kan füglich an einen kleinen Fluß angeordnet werden/und

greiffet

greiffet das Wasser⸱Rad I. mit denen an den Wellbaum befestigten Spindeln in den Kam oder über sich stehende Zapffen des Horizontal liegenden Rads O. ein/welches ferner den Trillis L. sampt dem Mühlstein A. umführet/also keiner weitern Beschreibung von nöthen hat; Nur ist hiebey zu wissen/daß man die Grösse/ oder den Umkreiß des liegenden Rads/ O. wol proportionire, und mit seinen Zähnen gegen den Spindeln/ bey D. recht anordinire/ und darburch den Umlauff/nicht gar zugeschwind/ oder zu langsam vollführe/ und wird die proportion solcher Abtheilung und Beschreibung nicht allein in diesen Figuren/sondern allen andern/ aus sonderbaren beweglichen Ursachen/ mit Fleiß ausgelassen und übergangen / also ohne Noth fernere Weitläufftigkeit darvon zu machen.

Die XLIV. Figur.
Eine doppelte Wasser⸱Mühl.

Dese Mühl hat zwey liegende Wasser⸱Räder / so zweyerley Gattung B. D. und können dieselbe von dem Künstler/ nach Belieben und des Orts Gelegenheit/wo man anders die beyde Wasser⸱Kästen F. und G. sampt dem Wasser⸱Fall M. und L. haben kan/ nützlich angeordnet werden / und wird das Wasser aus dem Kasten F. und G. durch die Canal A. und E. geführet/ und der Ablauff des Wassers nach Gelegenheit des Orts unter den Rädern hinweg geleitet/die beyde Mühlsteine L und K. werden durch C. und H. umgetrieben/ können daselbsten mit Riegeln eingesetzet/ auff und nieder gelassen werden.

Die XLV. Figur.
Eine Wasser⸱Mühl

Dese Mühl hat ein Wasser⸱Rad / B. so durch einen Wasser⸱Fall von oben herab/ nach des Orts Gelegenheit getrieben wird/und ist an dem Wellbaum F. das auff der Seiten gezahnte Rad / C. angeordnet / welches in die Spindeln D. mit seinen Zähnen eingreiffet/und damit den übersich stehenden Wellbaum L

sampt dem Mühlstein G. umführet/ wie auch die Bewegung des Beutels H. durch den Stecken bey E. verursachet.

Die XLVI. Figur.
Eine Wasser⸱Mühl.

Dese Mühl ist fast der vorigen in dem Getrieb gantz gleich/ nur ist der Unterschied hierinnen / wo man den natürlichen Fall des Wassers nicht haben kan/ daß man ein doppel⸱ oder einfaches Druckwerck/ wie man bey den zweyen Stiefeln G. und H. stehet/ anordnet/durch welche hernach das Wasser durch L in den Canal A. treibet/und darburch das Rad B. sampt den übrigen C. D. E. F. G. umtreibet.

Nota. Hierbey ist zu mercken/ daß man anfänglich das Rad/ weilen dasselbe keinen Wasser⸱Fall hat/durch einen andern Trieb so lang umtreiben muß / biß daß dasselbige das nothwendige Wasser/ durch das Druck⸱Werck in die Höhe/ und also darburch dasselbige Wasser⸱Rad/ in Gang gebracht wird/ denn es vermeinet der Inventor dieses Wercks/ das herab fallende Wasser allezeit / durch das Druck⸱werck / wiederum hinauff zuheben/ und solches/ so lang man Wasser haben kan/ zu continuirn/ die Proba hinein zu thun/ wird sich in Verfertigung dieses im Werck selbsten erweisen/ wie lang diese Bewegung währen möchte.

Die XLVII. Figur.
Eine Wasser⸱Mühl

Dese Mühl ist an einem Fluß / auff flachem Lande / anzuordnen/ wo man den Wasser⸱Fall von oben herab nicht haben kan/ hat ein unterschlechtiges Wasser⸱Rad E. welches durch seinen Wellbaum D. das auff die Seiten gezahnte Rad T. sampt dessen Trillis L. mit dem Mühlstein H. umtreibet / und kan durch die Hebstange A. mit dem angehengten Gewicht B. der Mühlstein / auff⸱ und nieder gelassen werden/ je nach deme man das Meel/ oder was man mahlen will/ grob oder rän haben will.

Die

Die XLVIII. Figur.
Eine Stampff-Mühl.

Dieſe Mühl kan an einem Waſſer-Bach angeordnet werden/ und iſt an den Wellbaum des groſſen Waſſer-Rads A. ein anders auff der Seiten gezahntes Rad B. befeſtiget/ welches mit ſeinen Zapffen/ in die Spindeln des Trillis C. eingreiffet/ und dardurch den auffrechten Wellbaum D. ſampt deſſen Trillis E. beneben dem eingreiffenden Rad F. den Wellbaum I. umtreibe/ und ſollen an gedachtem Wellbaum I. ſo viel Zapffen/als man Stämpffel anordnen will/ befeſtiget/ derer alhie drey ſeynd/ ſo die Stempffel H. H. H. auffheben/und wieder fallen laſſen/ die geſtoſſene Materi fället aus dem Kaſten O. in den Kaſten K. und als dann von demſelbigen ferner in den Beutel-Kaſten L. auch wird der Beutel durch den Stecken N. welcher ſich unter dem Trillis N. auß-ſchlägt/bewegt. Es kan auch zu mehrer Hülff ein Schwung-Rad G. an den überſich ſtehenden Wellbaum D. nach Anweiſung der Figur angeordnet werden.

Die XLIX. Figur.
Eine Waſſer-Mühl.

Dieſes iſt eine Mahl-Mühl/ ſo an einem Waſſer-Fluß L. anzuordnen/ kan mit wenigen Unkoſten erbauet werden/ hat ein groſſes Waſſer-Rad A. ſo durch den Fluß B. umgetrieben wird/ und iſt an deſſen Wellbaum C. das auff der Seiten eingezäpfte Rad D. befeſtiget/ welches mit ſeinen Zapffen in die Stecken des Trillis E. eingreiffet/ und damit den Mühlſtein F. umtreibet.

Nota. Der groſſe Fluß / I. kan durch eine Zwerch-Mauer R. zur Waſſer-Leitung/ wegen des Rads A. geführet/ und durch das Schutz-Brett S. wieder abgewandet werden.

Die L. Figur.
Eine Schroet-Mühl.

Dieſe Schroet-Mühl hat ein liegendes Waſſer-Rad A. und kan ſolches nach des Orts und Waſſer-Fals Gelegenheit angeordnet werden/ es wird aber an ſolches Rad A. ein

auffrechter Wellbaum / mit einem daran befeſtigten Trillis B. angeordnet / durch welches Spindeln das groſſe Horizontal liegende Rad C. umgetrieben wird/ welches hernach ferner mit ſeinen überſich ſtehenden Zapffen/ in die Spindeln des Trillis D. eingreiffet / und alſo ferner das Rad E. mit dem Trillis F. und daran befeſtigten Stein L. wie auch H. umtreibet.

Nota. Bey K. und L. kan man flach liegende Schauffeln anordnen/ welche die Materi/ ſo man Schrotten will/ allezeit unter den Stein führen.

Die LI. Figur.
Eine vierfache Schroet-Mühl.

Dieſe Mühl/ wird durch das Waſſer-Rad A. je nach deme es die Gelegenheit des Orts leiden will/ angerichtet / an deſſen Wellbaum D. können unterſchiedliche Kamm-Räder / als bey dieſer Mühl vier/ nemlichen B. E. G. L. befeſtiget/ und jedes Rads Wellbaum oben mit einem Trillis C. F. H. K. zu dem umtreiben der Steine L. M. N. O. angeordnet werden.

Nota. Man iſt aber hierbey gar nicht gezwungen 3. 4. oder 5. Kamm-Räder zu machen/ nur iſt in acht zu nehmen/ ob der Fluß ſtarck genug/ auch die Gelegenheit des Orts/ ſolcher geſtalt beſchaffen/ daß ihme keine Sach hierinnen verhinderlich/ ſondern vielmehr beförderlich ſeyn möge.

Die LII. Figur.
Eine Stampff-Mühl.

Dieſe Mühle wird / wo man Waſſer Mangel hat/ durch ein Pferd/ Ochſen oder Eſel (NB.) umgetrieben/und kan die Materi/ was man zerſtoſſen will/ zuvor auff den Stein C. zerknirſchet/ und in die Stampff-löcher L. M. und N. eingetragen werden. Die drey Stämpffel aber/ſo von gutem harten Holtz mit metallinen Schuen / werden durch den Wellbaum F. gehoben und niedergelaſſen/ der Trieb aber ſolches Wellbaums F. geſchiehet durch den auffrechten Wellbaum A. an welchem ein Horizontal liegendes/uñ überſich gezahntes Rad D. beſtiget/ welches mit ſeinem Kam in den Trillis und deſſelben Spindeln bey E. eingreiffet.

Nota.

Nota. Es kan auch zu mehrer Hülff/ und leichterm Umlauff/ ein Schwung-Rad K. nach des Meiſters Verſtand und Belieben/ angeordnet werden.

Die LIII. Figur.
Eine Mahl-Mühl/ mit einer Waſſer-Schrauben.

Dieſe Mühl kan an einem Ort/ da man ein ſtillſtehendes Waſſer hat/ angeordnet/ und nachfolgender Geſtalt verfertiget werden.

Man machet erſtlich einen Waſſer-Kaſten A. füllet denſelbigen mit dem jenigen Waſſer/ ſo man im Vorrath hat/ und machet einen Canal oder Abfall des Waſſers B. auff das Schauffel-Rad C. welches alsdann mit ſeinem Umlauff/ den überſich ſtehenden Wellbaum D. ſampt dem Mühlſtein/ M. umtreibet/ und zugleich die beyde Horizontal liegende Kam-Räder F. und G. herum führet/ da dann das unterſich gezahnte Rad G. in die Stecken oder Spindeln des Trilliſ H. eingreiffen/ und dardurch ferner den Wellbaum I. mit dem daran geordneten Schnecken K. ſampt dem Schwung-Rad L. zur Beförderung und wieder Hinauffhebung des Waſſers N. eingerichtet werden kan.

Nota. Hierbey iſt gar wohl in acht zunehmen/ daß man dieſe Mühle wol bedecke/ in deme die Lufft/ das Waſſer verzehret/ und ſo man deſſen nicht viel in Vorrath/ ſolche Mühle mit wenigen Unkoſten durch Perſonen/ oder andere wercliche Mittel anſtellen kan/ inſonderheit iſt das allervornemſte hierinnen/ daß man durch den Schnecken K. mehr Waſſer hinauff heben/ als herabfallen kan/ bringen möge/ iſt derotwegen dieſes Mühl-Werck/ mehrentheils eine Künſtliche/ als nützliche speculation, ſo wol bey dieſer/ als nachfolgenden dergleichen inventionen einem jeden Künſtler zu fernerem Nachdencken anheim geſtellet/ und hiemit in etwas zu erinnern/ nicht wol hat umgangen werden können.

Die LIV. Figur.
Eine Mahl-Mühle/ mit einer Waſſer-Schrauben.

Dieſe Mühl iſt der vorigen nicht gar ungleich/ es wird aber zu mehrer Erhebung des Waſſers ein Truckwerck mit zweyen Stiefeln B. und C. angeordnet/ damit das Waſſer aus dem Kaſten A. überſich durch D. und E. in den Kaſten F. durch G. auff das Waſſer-Rad H. geleitet wird/ an welches Rades Wellbaum I. ein Kam-Rad K. befeſtiget/ welches mit ſeinem Neben-Zähnen in die Spindeln L. eingreiffet/ dardurch den Mühlſtein M. umtreibet; damit man aber noch mehr Waſſer/ ſo zu ſtarckem Trieb des Rads H. gehört/ in den Kaſten F. heben möge/ iſt noch zum Uberfluß die Schnecke R. angeordnet/ ſo durch das liegende Rad O. mit ſeinem unterſich hangenden Zapffen in N. und P. eingreiffet/ und das Waſſer mit Umtreibung des Baums Q. ſampt dem Schnecken über ſich erhebet und ſteigen machet/ bey S. kan auch ein Beutel-Stecken angeordnet werden.

Die LV. Figur.
Eine Mahl-Mühl/ mit einem Druck-Werck und zweyen Waſſer-Schrauben.

Dieſes Mühle kan zu zweyerley Nutzen angeordnet werden/ in deme man damit mahlen/ und zugleich das Waſſer/ in einer gewiſſen Höhe/ an ein anders Ort erheben und leiten kan/ und wird durch das groſſe Waſſer-Rad A. das Druck-Werck D. E. regieret/ zugleich aber auch durch das Rad B. welches mit ſeinem Kam in die Spindeln des Trilliſ bey C. eingreiffet/ der Mühlſtein H. herum geführet: Die Waſſerleitung aber des Druck-Wercks/ wird hinter der Mauer F. hinauff getrieben/ und deſſen Abfall durch G. auff das Waſſer-Rad A. gerichtet/ nicht weniger auch wird an den groſſen Wellbaum P. der Trilliſ M. mit ſeinen Spindeln befeſtiget/ in welche das Horizontal liegende Rad L. eingreiffet/ zugleich auch die Spindeln der beyden Schnecken I. und K. faſſet/ dieſelbige herum zuführen/ und das Waſſer in die beyde Käſten O. und N. zu laiten/ und von demſelbigen ferner/ wohin man begehret/ zuführen.

Nota. Mit dieſem Mühl-Werck zielet der Inventor gleichmäſſig auff eine immerwährende Bewegung/ da deſſen Meinung ohn fehlbar dahin

dahin gehet/ wo man Waſſer gnug haben könte. Dieſem Werck haben viel nachgekünſtelt/
und ziemlichen effect erlanget/ Sap. lat. dict.

Die LVI. Figur.

**Eine Mahl - Mühl / ſo das Waſſer/ durch
Hülff zweyer Schnecken/ auff das
Waſſer-Rad treibet.**

DIeſe Mühl hat gegen den vorigen keinen
groſſen Unterſcheid/ kan gebraucht wer-
den/wo man nicht gar viel Waſſer übrig/ ſolte
man aber eine Quelle oder Bronnen zum Vortheil haben/ were es deſto beſſer.

Dieſe Mühl anzuordnen/ muß man zuvor
einen groſſen Kaſten A. mit Waſſer anfüllen/
und kan man bey B. eine Stellung des Waſſers/
entweder durch einen groſſen Krahn/ Schutz-
Brett/ oder anders/ je nach Beſchaffenheit der
Sachen anordnen/ damit man das Waſſer/ ſo
offt man will/ ſtellen/ und lauffen laſſen kan.

Erſtlich/wird durch das abfallend Waſſer
das groſſe Waſſer-Rad C. umgetrieben/ an deſſen Wellbaum iſt ein Trillis D. befeſtiget / mit
ſtarcken Spindeln/ welche das groſſe liegende
gezäpffte Rad E. faſſen/und zuſampt deſſen aufrechten Wellaum F. mit dem Rad G. umtreiben / welches Rad hernach ferner mit ſel-
nen Zapffen in die Spindeln bey H. greiffet /
und dardurch den Schnecken I. umtreibet / damit das Waſſer aus K. in den Kaſten A. erhe-
bet/ und ſteigen machet.

Ferner hat das Horizontal-Rad G. oberhalb
auch einen Trillis K. welcher ebenmäſſig mit ſeinem Stecken oder Spindeln das Rad L. ergreif-
fet/ſolches zu ſampt dem Schnecken umführet.

Letzlichen / wird bey dem Mühl-Werck an
den Wellbaum F. noch ein auff der Seiten ge-
zäpftes Rad N. befeſtiget/ welches den Trillis
O. ſampt dem Mühlſtein Q. umtreiben ſolle/
bey welchem dann auch der Beutel-Stecken
bey P. füglich anzurichten.

Nota. Bey dieſer Mühl iſt abermalen in
acht zu nehmen/daß man nemlich allezeit mehr
Waſſer durch die beyde Schnecken L und M. in
den Kaſten A. hinauff führen ſolle/ als durch B.
auff das Rad abfället/ muß derowegen ſo wol
die proportion des Waſſer-Kaſtens A. wie auch

der beyden Schnecken wol überleget/ und zuvor betrachtet werden.

Die LVII. Figur.

**Eine Mahl-Mühl/ an welcher zugleich ein
Stampff- und Waſſer-Kunſt.**

DIeſe Mühl-und Waſſer-Kunſt kan durch
ein groſſes Tret-Rad A. mit Hülf zweyer
Perſonen / umgetrieben werden/ und wird an
den Wellbaum C. ein Kam-Rad B. befeſtiget/
welches mit ſeinem Kam in die Spindeln bey
D. eingreiffet/ auch zugleich durch Hülff des
Schwung-Rads P. das Druck-Werck E. F.
G. H. I. regieren/ und damit das Waſſer überſich durch K. wohin man begehret/treiben könne.

Ferner / ſollen an den Wellbaum C. auch
Zwerch-Höltzer eingezapfft werden/welche das
Stampff-Werck / oder die Stöſſel M, M. M.
M. M. erheben/ und wieder fallen laſſen.

Letzlichen/ wird am Ende des Wellbaums
C. noch ein anders/ neben auff der Seiten / gezahntes Kam-Rad angeordnet / ſo mit ſeinem
Kam in die Spindeln des Trillis bey N. eingreif-
fet/ und dardurch den Mühlſtein O. umtreibet.

Nota. Wolte man durch K. das Waſſer wieder
um in den Kaſt Q. fallen laſſen/ſo man deſſen genug hätte/könte man dardurch die vorige Mei-
nung/ deß Erfinders dieſes Wercks beſtätigen.

Die LVIII. Figur.

**Eine Wind- Mühle/ damit man mahlen/
und zugleich das Waſſer aus einem
Fluß erheben kan.**

DIeſe Mühle muß ſich richten nach des
Orts Gelegenheit/kan derowegen nicht allenthalben angeordnet werden.Es greiffet aber
das auff der Seiten gezäpffte Kam-Rad B. ſo
mit dem Wellbaum X. welcher durch die Wind-
Flügel A. umgetrieben wird/ in den Trillis C.
des auffrechten Wellbaums D. und führet denſelbigen /ſampt dem liegenden Rad E. herum/
welches Rad ferner mit ſeinen unterſich hangenden Zähnen in F. und L. eingreiffet / dardurch das Rad G. und M. umführet / das
Rad G. aber treibet den Mühlſtein K. und
das Rad M. ſo mit ſeinen Zähnen in N. eingreif-
fet/ führet durch P. Q. und R. das Schöpff-
Werck

Werck/ so sich aus dem Fluß/ oder einem andern stillstehenden Wasser V. welches man ausmahlen will/ in die Höhe des Kastens T. und wird hernach von demselbigen/ wohin man begehret/ an andere Orter geleitet.

Die LIX. Figur.

Eine Mahl-Mühl/ so durch ein Schöpf-Werck getrieben wird.

Diese Mühl/ ist ziemlich mühesam und kostbahr/ und wird durch ein Trett-Rad A. mit Hülff zweyer Personen B. der Wellbaum C. sampt seinem Horizontal liegenden Rad D. umgetrieben/ welches Rad mit seinen Zapffen in die Spindeln bey E. eingreiffet/ und den sechs oder achtecklichten Wellbaum F. herum führet/ durch welchen die Bulgen oder Lederne Kübel G. das Wasser aus dem Kasten P. erheben und in H. ausschütten. Es wird der Wasserfall durch ein Canal L. auff das grosse Wasser-Rad K. geleitet/ an welches Ax/ oder Wellbaum/ dann ferner ein gezahntes Rad L. angeordnet/ welches mit seinen Zähnen in die Spindeln bey M. eingreiffet/ damit die Stange N. zusampt dem Mühlstein O. herum führet.

Nota. Es wird auch/ zu mehrer Hülffe des Umlauffs/ auch der Erhebung des Wassers/ an die beyde gekröpffte Eisen S. Q. so an die Welbäume befestiget/eine eiserne Stange R. angeordnet/könte vielleicht durch ein Schwung-Rad noch mehr erleichtert werden/ so dem geübten Künstler frey gestellet ist.

Die LX. Figur.

Eine Seeg-Mühl Holtz zu schneiden.

Diese Mühle wird ins gemein eine Seeg-Mühl genennet/ durch welcher Hülffe man grosse Bäume zerschneiden und Bretter daraus machen kan/ ist leichtlich an einen Bach oder Wasserfluß/ je nach deme es die Orts Gelegenheit leiden will/ anzuordnen/ wird durch das Pletsch-Rad Z. regieret/ so mit einer gekröpfften Kurbe X. die Seege mit ihrer Rahme in der Nueth S. S. untersich ziehet/durch Q. und T. den Arm/ so in das Sperr-Rad P. eingreiffet/sampt der Waltzen V. mit dem dar-

in befestigten Sail / so auch um den Kasten I. worauff man das Holtz leget/ gebunden wird/ das Bauholtz W. so auff den Waltzen X. X. lieget hintersich schiebet/und also verursachet/daß die Seegen das Holtz durchschneidet.

Die LXI. Figur.

Eine Seeg-Mühl Holtz zu schneiden.

Diese Seeg-Mühl kan/ gleich der vorigen/ an einen Bach oder Wasserfall angeordnet werden/ ist aber besser/ als die vorige/ und können nach Stärcke des Wassers/ so viel Seeg-Blatten eingesetzet werden/ als man will/ und werden die Seeg-Blatten/ mit dieser Art/ viel geschwinder/ als in der vorhergehenden/ getrieben/ die Anrichtung aber dieser Mühl/ geschiehet füglich/ so man an des Wasser-Rads A. Wellbaum/ noch ein anders klein gezahntes Rad B. befestiget/ welches mit seinen Zähnen an zweyen Orten in die Spindeln bey C. und R. eingreiffet/ und mit C. das Schwung-Rad D. sampt dem gekröpfften Arm E. die Stange F. mit der Seegen H. auff-und abschiebet/ und gedachtes Rad/sampt dem Trillis Q. und R. auch den übrigen Rädern / P. N. und Wellbäumen umtreibet. Und ist N. das Sperr-Rad/so durch die eiserne Gabel M. gestellet/und zurück gehalter wird/dessen Fortführung geschiehet durch die Bewegung des Arms L. so durch Auff-und Abziehung der Seegen H. in I. und K. verursachet wird/ und kan das Holtz V. so geschnitten werden solle/ in den Kasten T. mit starcken eisernen Klammern Z. X. befestiget werden/ die Seege aber gehet in der Rahme W. X. und kan man in das Zwerchholtz Y. so viel Seeg-Blätter/ als man will/ einsetzen/ je nach deme man starckes Wasser hat/und die Gelegenheit des Orts solches zulassen will.

Die LXII. Figur.

Eine Seeg-Mühl Holtz zu schneiden.

Gegenwärtige Seeg-Mühl kan durch ein Trett-Rad A. mit Hülff ein-oder zweyer Personen regieret werden / und wird an den Wellbaum B. des Trett-Rads A. ein Trillis C. mit starcken Spindeln angeordnet/ sampt

sampt noch zweyen Rädern D. und F. und hat der unter Wellbaum Q. eine gekröpffte Kurbe P. welche die Seege L. mit ihrer Rahm M. auff und abziehet/ und gehet die Rahme M. in den beyden neben Höltzern N. N. in einer Nuet/ das Holtz/ so man schneiden will/ wird in den Roll-Kasten K. eingeleget/ und mit Klammern/ gleichwie in voriger Mühl gedacht worden/ befestiget/ und kan ein starckes Sail oder Kette um die Waltze O. gehen/ welche sich durch das Sperr-Rad I. auffwindet/ welches Sperr-Rad durch den Arm H. zuruck gehalten/ und dardurch gehemmet wird.

Die LXIII. Figur.
Eine Seeg-Mühl Holtz zu schneiden.

Diese Seeg-Mühl kan/ nach Gelegenheit des Orts/ wo man einen Fluß oder Wasser-Fall hat/ bequem angeordnet werden/ ist eine Frantzösische Manier/ welche nicht viel Unkosten erfordert/ dann es wird nur an des Wasserrads E. Wellbaum D. ein Trillis mit starcken Spindeln angeordnet/ in welche das Rad F. mit seinen Zähnen eingreiffet/ damit das gekröpfte Eisen G. sampt der Schiebstange C. mit der Rahme H. und eingespanten Seegen auff- und abziehet/ es sollen aber ohne die Boden-Rahme I. auff welcher sich das Holtz/ so geschnitten werden solle/ herschieben muß/ bey A. und B. große Getichtesteine/ welche mit starcken Saillern oder Ketten/ an die Nuet-Rahme K. befestiget/ und angehenget werden. Es wird aber dem geübten Künstler frey stehen/ diese Art zu verbessern/ und darvon ab- und zuzuthun/ je nachdeme es die Gelegenheit des Orts/ und Umstände leiden wollen.

Die LXIV. Figur.
Eine Seeg-Mühl Holtz zu schneiden.

Diese Seeg- oder Schneid-Mühl kan/ gleich wie die vorige/ an einem fliessenden Wasser angeordnet werden/ und hat des Wasserrads A. Wellbaum eine eiserne gekröpfte Kurbe/ welche durch den Arm B. die Rahme sampt der eingespanten Seege C. auff und ab-

ziehet/ und zugleich auch die Sperr-Stange E. durch H. und I. beweget/ und in das gekerbte Sperr-Rad D. eingreiffet/ und dasselbe zuruck hält. Bey F. ist ein gehengter Wellbaum mit einem Sperr-Rad zum bequemen Holtz L. auff die Roll-Rahme herbey zu bringen/ angeordnet/ so zwar keine Nothwendigkeit ist/ und wird derowegen einem jeden frey stehen/ solches zu machen oder zu unterlassen.

Die LXV. Figur.
Eine Seeg- und Mahl-Mühl

Diese Mühl kan durch ein Pferd/ Ochsen oder Esel (NB.) wo man kein flüssend Wasser hat/ regieret werden/ und hat der auffrecht stehende Wellbaum A. welcher durch Hülffe des Thiers umgetrieben wird/ ein Horizontal gezähntes Rad/ welches mit seinem Kam in die Spindeln des Trillis B. eingreiffet/ und dardurch den andern auffrecht stehenden Wellbaum H. umführet; Es wird aber auch an den Wellbaum H. ein liegend Horizontal doppel gezähntes Kam-Rad C. befestiget/ welches in die beyde Trillis F. und D. derselben Spindeln fasset/ damit also nicht allein den Mühlstein G. sondern auch das Schwung-Rad E. umlauffend machet/ und damit zugleich die Seege M. mit dem gekröpfften Arm L. auff und abziehet/ und kan das Holtz N. so man schneiden will/ nach jedes Belieben und Gelegenheit des Orts/ an die Seege unten angelegt werden/ zu Erleichterung aber des Umtriebs/ dem Thier zu Hülffe kan noch ein grösser Schwung-Rad I. mit drey (und nicht mit vier) Getichtern K. K. K. wie oben gedacht/ angeordnet werden.

Die LXVI. Figur.
Eine Seeg-Mühl Holtz zu schneiden.

Dieses Werck ist sehr bequem/ dünne Bretter darmit zu schneiden/ insonderheit den Schreinern dienstlich/ und wird erstlich ein starckes Gestell von Holtz gemacht/ welches so hoch seyn soll/ daß die Seege im Auff- und abgehen unten auff dem Boden nicht

nicht anstosse / solle durch zwey Hand-Räder regieret werden / davon das eine in der Figur bey A. zusehen / das andere solle in gleicher Distantz auff der andern Seiten gegen diesem übergestellet werden / welches alles allhie nicht gesehen wird; An beyder Räder Achsen seynd gekrümte oder gekröpffte Eisen / deren das eine C. bey dem Rad A. gesehen wird / das andere Unsichtbare aber ist ingleichem auff der andern Seiten angeordnet / an dem Ende aber sind zwey lange eiserne Schieb-Stangen / D. und M. welche die Rahme E. auff-und abziehen / an welcher Rahme forn bey F. und G. die Sägen eingeschraubet / und in solcher Weite / so dick man die Bretter haben will / von einander eingesetzet / das Holtz K. woraus man Bretter schneiden will / solle auff Waltzen I. liegen / so allezeit fort geschoben wann das Rad A. so bey B. einen starcken Zapffen hat / einmal herum getrieben wird / und das Haspel-Rad bey H. ergreiffet / und damit das darauff liegende Holtz fort schiebet / das Haspel-Rad hat sechszehen Speichen / und wird unten am Ende des Holtzes / so man schneiden will / ein starckes Seil / Ketten oder lederne Riemen befestiget / welcher sich um die Achs des Haspel-Rads auffwickeln solle / und so offt / als das Rad A. mit seinem Zapffen B. des Haspel-Rads Speichen H. ergreiffet / das Holtz K. herzu ziehet.

Die LXVII. Figur.
Eine Pulver-Mühl / mit einem Trett-Rad.

Diese Mühl kan durch eine Person / so in einem grossen Trett-Rad A. umgetrieben werden / im Fall man die Gelegenheit nicht hat ein Wasser-Rad anzuordnen / an des grossen Rads A. Achse / ist noch ein ander gezahntes Rad F. befestiget / welches mit seinem Kam in die Spindeln E. eingreiffet / und damit den Wellbaum G. herumführet / welcher alsdann mit seinen Hebarmen H. den Stämpffel I. auffhebet / und wieder nieder fallen läst / und kan man an den Wellbaum G. so viel Hebarme / sampt den dargegen stehenden Stämpffeln anordnen / als man will / je nach deme es die Gelegenheit des Orts leiden will : Die

Stämpffel I. sollen unten metalline Schuh haben / welche mit einem Zwerch-Nagel / an die auffrechte Höltzer I. seitlich zu befestigen / und kan man auff dieser Mühl auch andere Sachen zerstossen / wolte man des unten liegenden Baums K. Stampff-Löcher auch mit Metall füttern / je nach deme man etwas darinnen arbeiten will / wird solches dem Künstler frey stehen.

Die LXVIII. Figur.
Eine Schrott-Mühl zum Pulver-Machen.

Diese Mühl ist sehr bequem / die Kohlen und andere Sachen zum Pulver-Machen gehörig / zuschrotten und zerreiben / kan an einem Wasser-Fluß H. angeordnet werden / und treibet des Wassers Rads Wellbaum E. das auff der Seiten gezahnte Rad A. herum / welches mit seinen Zähnen / in die Stecken oder Spindeln des auffrechtstehenden Wellbaums Trillis bey B. eingreiffen / und mit seinem herumgehen oben bey C. die beyde Kam-Räder D. D. ebenmässig umtreiben / welche hernach ferner / mit ihren Spindeln C. C. die beyde Räder A. A. ergreiffen / und damit die beyde Steine F. F. auff G.G. letzlich herumführen / und die darunter geschütte Materi / Kohlen oder anders zerknirschen und zermalmen / und kan man die Materi allezeit mit den Krucken fein unter die Steine schieben / auch damit absondern / und darvon ziehen / je nach deme es nöthig seyn wird / die Zerlegung der Räder / und derselbigen Austheilung sampt dem Stein weisen / die Figuren A. B. C. D. E. F. rc.

Die LXIX. Figur.
Eine Pulver-Mühl.

Diese Mühl kan / nach Gelegenheit des Orts / wo man einen fliessenden Bach / oder andern Wasser-Fall hat / angeordnet werden / und treibet des Wasser-Rads G. Wellbaum D. zugleich mit seinem Heb-Arm / noch einem neben sich liegenden Wellbaum F. welche beyde Wellbäume alsdann auff beyden Seiten / die Stämpffel heben / und wieder fallen lassen / kan

C

kan man alſo zugleich eine oder vielerley Materi auff einmal arbeiten/die Form des Stämpf-
fels mit aller Zugehör/ ſampt dem Wellbaum
des Waſſer-Rads iſt bey A. B. C. D. E. zuſehen.

Die LXX. Figur.
Eine Stampff-Mühl zum Pul-
ver-Machen.

Dieſe Mühl iſt den vorigen nicht ungleich/
wird durch das Waſſer-Rad A. umge-
trieben/ an deſſen Wellbaum B. ſo acht-eckichte
Heb-Arme C. C. befeſtiget/ welche hernach die
Stämpffel D. D. D. überſich heben/ und wieder fallen laſſen/ kan vornemlich zu dem Kohlen brechen gebraucht werden/ man mag aber
ſo viel Stämpffel anordnen/ als man will/ je
nach deme man einen ſtarcken Trieb des Waſſers haben kan.

Die LXXI. Figur.
Eine Waſſer-Kunſt.

Dieſes iſt eine ſchöne und nützliche Waſſer-
Kunſt/ kan entweder durch ein Pferd/ eine
oder meiſt zwo Perſonen von der Hand regieret
werden/ und geſchiehet ſolches/ zum füglich-
ſten/ wann der Wellbaum M. mit B. herum geführet wird/ und werden unten an den Wellbaum drey ſtarcke Scheiben/ C. ſo im Diam.
vier Schuh und vier Zoll dick/ von Eichen-
Holtz/ befeſtiget/ und ungefehr acht Zoll weit
über einander geſetzet/ in ein Drittel aber dieſer
Scheiben/ K. L. werden ſtarcke eiſerne Spindeln gemacht/ wie bey A. A. zuſehen/ hernach
werden zwo liegende Rahme D. und E. ſo auff
beiden Seiten in eine Nuet gehen/ von gutem
harten Holtz gekämmet/ und gehen dieſe in dem
Umtreiben hinter ſich und vor ſich/ als durch
die zwo eiſerne Schiebſtangen F. F. die Pomppen G. G. H. I. oder das Druckwerck regieren.

Nota. Es kan dieſe Waſſer-Kunſt/ oder
vielmehr derſelbigen Rahmen/ mit dem gantzen
Geſtell/ auch überſich oder auffrecht angeſtel-
let/ und an einem zimlichen engen Platz angeordnet werden/ und iſt ſolches Werck zuſehen/
in Lothringen/ welches Anno 1603. zu Anno-

ſier daſelbſten angerichtet/ und das Waſſer damit etlich Schächte tieff/ in einem Silber-und
Kupffer-Bergwerck ausgehoben worden.

Die LXXII. Figur.
Eine Walck-Mühle.

Dieſe Mühl kan an einem flieſſenden
Bach leichtlich angeordnet werden/ und
treibt das Waſſer-Rad A. den Well-
baum/ mit ſeinen Heb-Armen C. um/ welche
Arme alsdann die gekerbte Klappen D. D.
auffheben/ und wieder fallen laſſen/ deren man
dann ſo viel/ als es die Gelegenheit des Orts/
und Stärcke des Waſſers leiden will/ anordnen kan/ bey E. und F. kan ein Keſſel mit einem
Wind oder gemeinem Ofen/ zum entweichen
der Tücher/ gebauet werden.

Wir hetten von Walck-Mühlen vielerley
Gattung ſetzen können/ weilen aber ſolche ge-
mein/ hat man/ wegen Verardſſerung und
Häuffung der Unkoſten dieſes Wercks/ ſolches
hiemit unterlaſſen.

Die LXXIII. Figur.
Eine Papyr-Mühl.

Gegenwärtige Mühl/ kan/ wie die vor-
hergehende/ an einem Waſſer-Fluß angeordnet werden/ erfordert aber ein ſtärcker
Waſſer/ als die vorige/ und wird der acht-
eckichte Wellbaum B. durch das Waſſer-Rad
A. umgetrieben/ auch heben die Zwerch-Arme
C. des Wellbaums B. die ſechs Klappen Häm-
mer D. D. D. E. E. E. auff/ und laſſens wieder
in ihre darunter ſtehende Kaſten auff die Lumpen fallen.

Nota. Es muß aber auch ein Waſſer-Rin-
ne/ durch welche das Waſſer auff die Lumpen
und in derſelben Käſten lauffet/ angeordnet
werden/ und ſollen die Käſten/ mit ihrem gebührlichen Ablauff des Waſſers verfertiget
werden. Die Materi der zerſtoſſenen Lum-
pen/ wird mit einer Gitter ferner aus dem
Waſſer-Zuber G. ausgehoben/ und wird das
Papyr unter der Preſſe F. auff einander ge-
ſetzet.

Die

Die LXXIV. Figur.
Eine Papyr-Mühl.

Jese Mühl wird ebenmäſſig an ein flieſ-
ſend Waſſer mit Vortheil angeordnet/
und treibet das Waſſer-Rad den Wellbaum
A. mit ſeinen Heb-Armen B. welche die Klappen C. deren eine jede in eine Rahme D. auffhe-
ben und nieder fallen laſſen/und wird das Waſſer durch die Rinne G. in die Küſten getheilet/
deren ferner bey F. wie auch der Klappen C. klärlich zuſehen.

Nota. Bey den Papyr-Mühlen kommen
vielerley Sachen zu bedencken vor/ ſolte man
dieſelbige ausführlich tractiren/ würde es einen
eigenen tractat erfordern/hat ſolches derowegen
hieben zu verbleiben nothwendig ſeyn müſſen.

Die LXXV. Figur.
Eine Oehl-Mühl.

Jese Mühl/ welche ſehr nützlich/ kan
auch/wie die vorige/ an einem Waſſer-
fluß/ angeordnet werden/ nemlich es
wird an den Wellbaum A. des Waſſer-Rads
B. ein Kam-Rad S. angemacht/ welches mit
ſeinem Kam/ in die Spindeln des Rads T. ein-
greiffet/und ſolches mit ſampt dem Wellbaum
N. herum treibet. An dem Wellbaum werden
forne Heb-Arme O. befeſtiget/ welche die
Stämpffel P. auffheben/und wieder fallen laſ-
ſen/ die Stämpffel können unten mit eiſernen
Schuen beſchlagen werden/ wie dann auch
die ausgehauene Löcher/ unten am Boden mit
ſtarcken eiſernen Blechen ſollen gefüttert werde.

Wann man aus der geſtoſſenen Materi
Oehl machen will/ ſo wird dieſelbige erſtlich/
in einem Keſſel über dem Faur geröſtet/und alſo
warm zwiſchen zwey Haar-Tücher V. T. in die
Form B. C. gelegt/ hernach die Forme in die gevierte ausgehauene Löcher des Eich-Baums
A. gethan/darauff ein ander gevierter Klotz D.
geſetzet/ und von hinden einen Keil durch geſtoſ-
ſen/ welcher vornen etwas ſchmähler/ als hinten bey E. iſt/ darnach ſtecket man den Keil F.
darzwiſchen/ und richtet den Schlägel durch
den Arm G. welcher Löcher hat/ (wie der Bal-

den daran der Schlägel iſt) auff den Keil/ ſo
ergreiffet das eine Horn an dem Wellbaum das
eine Holtz/ an der Wand M. und zeucht das un-
terſich/und in ſolcher Bewegung ergreiffet das
ander Horn das obere Holtz/ dardurch der
Strick zu dem untern auch/ und zeucht es her-
nach/ hebet den Schlägel hoch auff/daß er wiederum loß ſchnappet/ und alſo den Keil hinein
treibet/ dardurch alſo das Oehl heraus getrieben wird/ an den Eich-Baum A. kan ein gevier-
tes oder rundes Loch/ unter welches man ein
Geſchirr ſtellet/ darein das Oehl ablauffet/ gemacht werden.

Die LXXVI. Figur.
Eine Bohr-Mühl zu Deicheln.

Jese Mühl kan durch eine Perſon regieret werden/nemlich wann man durch die
Ziehſtange A. die getröpffte Kurbe B. ſampt dem
Trillis C. herum treibet/ und iſt zu leichterm
Trieb und Umlauff das Schwung-Rad G.
angeordnet/ der vorige Trillis C. aber ergreifft
mit ſeinen Spindeln das Kam-Rad D. welches
alsdann ferner den Trillis E. mit dem zweyten
Stirn-Rad F. herum führet/und ſolle der Böhrer in der Mitte des Rads Nabe F. befeſtiget/
und alſo damit umgetrieben werden/ die Deicheln aber ſo man bohren will/ ſollen in eine
Nuet-Rahme eingeſchoben/und mit einem Gewicht L durch das Sail L. ſo über die Rolle R.
gehet/ herbey gezogen werden.

Nota. In der Figur ſeynd zwen Böhrer ange-
deutet/ſolle nur einer ſeyn/ ſonſten müſte man
mehr Räder haben/ wo man mehr Böhrer anrichten wolte/gleich wie bey den Bratenwenden.

Die LXXVII. Figur.
Eine Bohr-Mühl zu Deicheln.

Jese Bohr-Mühle kan an einem flieſſenden Waſſer angeordnet werden/und wird
an den Wellbaum G. des Waſſer-Rads F. ein
Kam-Rad angeordnet/ demſelbigen gibt man
viel oder wenig Käm/ je nach deme es geſchwind
oder langſam gehen ſoll/ welches Kam-Rad
alsdann mit ſeinem Kam in die Spindeln des
Trillis H. (an welchem Trillis der Böhrer A.
befeſtiget/)

C ij

befestiget/) eingreiffet/ und solchen mit Gewalt
herum führet. Den Böhrer kan man mit einem Drehdock B. fein einschliessen/ und werden die Deichel auff eine Nuth-Rahme C, und
D. eingestöcket und befestiget/ jedoch daß man
dieselbige gegen dem Böhrer nachdrucken kön-
ne/ wie durch eine Person geschehen könte/ in
der Figur angewiesen wird.

Nota. Wolte man aber solches ohne sonderbahre Mühe verrichten/ kan man solches leichtlich mit einem Haspel oder Schrauben-Win-
de/ so hinten bey L. angesetzet/ leichlich beför-
dern/ so dem Künstler zu fernerem Nachden-
cken/ hiemit frey gestellet wird. Die Gestalt der
Böhrer und der Deicheln weisen die Figuren L.
und K.

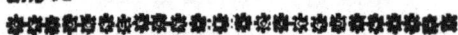

Die LXXVIII. Figur.
Eine Blaß-Mühl.

Diese Mühl kan vier grosse Blaß-Bälg
haben/ ist füglich an einem fliessenden
Wasser anzustellen/ und hat das Wasser-Rad H. an der Achse eine getröpffte Kurbe
G. an welcher eine starcke eiserne Ziehstangen F.
welche an der Kurbe G. umgehen kan/ ange-
macht/ welche Stange hernach ferner die obere
Walze D. mit dem darauff stehenden Schieb-
Arm/ die andern zwo Waltzen B. und C. hin
und wieder treibet/ und damit die vier Blaß-
Bälg A. E. L. V. auffhebet/ und wieder fallen
lässet/ so in der Figur klärlich angewiesen und
zusehen ist.

Nota. Wolte man aber eine Wasser-Orgel
anstellen/ müssen die Blaß-Bälge/ gleich wie
bey Orgeln gebräuchlich/ verfertiget/ und an-
gegeben werden/ und werden an statt des Feuer-
Herds alhie die Wind-Laden angeordnet.

Die LXXIX. Figur.
Eine Hammer-Mühl.

Diese Mühl läst sich/ gleich den vorigen/
an einen Wasser-Fluß/ Bach/ oder dergleichen anordnen/ und hat der Wellbaum B. des Wasser-Rads A. ein/ zwey oder
drey Heb-Arme C. welche den Hammer E. mit
seinem Hinter-Theil D. auffheben/ und wieder

fallen lassen/ damit aber solches Werck zugleich
auch die Blaß-Bälg treiben könne/ so wird an
dem Wellbaum B. eine getröpffte Kurbe ange-
macht/ welche mit ihrem herum gehen/ die
Stange F. hinter sich und vorsich schiebet/ und
darmit die Bewegung der Zwerch-und auffrechten Stange G. und H. mit I. K. L. und M.
hin und wieder/ auff-und abführen/ und die
beyde Blaß-Bälg N. und O. zum Feuer an-
blasen füglich auff und nieder heben.

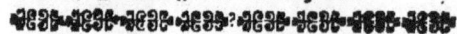

Die XXC. Figur.
Eine Mang-Mühl.

Gegenwärtige Mühle wird durch ein
doppeltes Wasser-Rad/ den Schauf-
feln auff einer Seiten rechts/ auff der andern
aber lincks eingesetzet werden/ regieret/ worzu
man einen Wasser-Kasten R. anordnen/ und in
denselben/ so viel man Wasser von nöthen/ darein leiten muß/ damit die Person/ welche in dem
angemachten Häußlein stehet mit E. und F. die
gevierte Zapffen C. und D. auffziehen/ und wieder zufallen lassen kan/ damit das Wasser/ so
wohl auff eine/ als auff die andere Seiten des
Rads bey B. B. lauffen/ und solches zur rechten
und lincken Hand/ je nach deme es die Mange
von nöthen hat/ treiben könne. Die Bewegung
aber der Mange geschiehet/ wann der Wellbaum A. mit seinem Kam-Rad G. in die Spindeln des Trillis H. eingreiffet/ und damit I. hin
und wieder treibet; Es werden auch Steine an
den Strick/ welcher um die Waltze K. gehet/
angehänget/ damit dieselbige den Strick fein
anziehen. L. M. N. und Q. weisen das Gestell
der Mang/ so mit grossen Gewicht-Steinen
beschweret werden muß P. ist der feste Boden
und seynd O. O. O. O. die Waltzen bey R. siehet
man/ wie das Tuch auff der Rollen O. fein satt
auffgewunden werden kan.

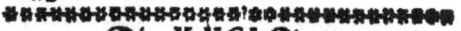

Die XXCI. Figur.
Ein Räder-Werck/ so durch den Rauch
getrieben/ und etliche Brat-Spiesse
umwenden kan.

Diese Art eines Braten-Wenders/ ist sehr
bequem in einem Busen des Schorn-
Steins

Steins über einem Feuer-Herd anzuordnen/ nemlich wann man ein geflügeltes Rad A. machet/ welches von der Hitze des Feuers umgetrieben/ mit seinem Trillis B. das gezahnte Rad C. ergreiffet/ damit den Trillis D. sampt seinem gezäpfften Rad E. herum lauffen machet/ also noch ferner die Umwendung des Trillis F. sampt dem Rad G. und dem Brat-Spieß H. verursachet.

Nota. Man kan an das Rad G. so viel Brat-Spieß anmachen/ als man will/ je nach deme man starcken Trieb des Rads A. haben kan.

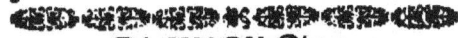

Die XXCII. Figur.
Ein Bratten-Wender.

Dieser Braten-Wender ist gegen dem vorigen in etwas unterschieden/ hat ein Rad und Trillis weniger/ dann der vorige/ dann wann das Flügel-Rad F. von dem Rauch und Hitze des Feuers umgetrieben wird/ so treibet die Stange bey F. den Trillis E. mit dem Horizontal-Rad D. auch herum/ welches dann ferner den Trillis B. sampt dem Rad des Brat-Spießes mit herumführet.

Nota. Man mag an das Rad A. noch etliche andere Räder anordnen/ so viel man Brat-Spieß umtreiben wolte/ wie bey den gemeinen Braten-Wendern gebräuchlich ist/ derowegen ohne Noth fernere Erinnerung darvon zuthun/ weilen zuvor schon Meldung geschehen ; das zerlegte Flügel-Rad ist bey B. B. B. B. zusehen.

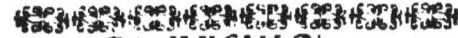

Die XXCIII. Figur.
Eine Wind-Foche.

Diese Wind-Foche kan in einem Gemach/ grossem Saal oder dergleichen/ welches gegen der Sonne in grosser Hitze stehet/ angeordnet werden/ Solle bey K. mit einem Sperr-Rad / gleichwie bey den Uhren gewöhnlich/ auffgezogen werden/ und wird bey A. ein Gewicht angehänget/ des Strick oder Sail sich um den Wellbaum B. auffwindet/ und greifft das Kam-Rad C. in D. ein/ welches ferner das Rad E. welches etliche gevierte Schauffeln F. haben solle / umtreibet/ und also iederzeit mit

den Schauffeln den breiten Arm G. der Foche ergreiffet / hebet/ und fallen lässet/ wird bey H. ein Gegen-Gewichtlein angehänget/ je nach deme man haben will / daß die Foche geschwind oder langsam gehen solle. Bey I. kan die Rahme mit einem Pergament oder rein gewächsten Tuch überzogen und auffgespannet werden.

Die XXCIV. Figur.
Ein Schöpff-Werck zu einem tieffen Bronnen.

Dieses Schöpff-Werck kan auff einem Berg-Hauß/ oder andern Ort/ wo ein tieffer Bronnen ist/ angeordnet / und kan durch eine Person ein grosser Last Wasser in die Höhe gezogen und ausgeschöpfft werden/ nemlich/ wann man mit der gekröpfften Kurbe A. das kleine Zapffen-Rad D. herum treibet/ so greiffen die Zapffen alsdann in C. an dessen Wellbaum bey D. noch ferner ein gekerbtes Rad angeordnet wird/ welches mit seinen Kerben in E. eingreiffet/ und den Wellbaum der Waltze F. herum führet/ damit sich die Sailer auffwickeln/ und also den grossen Wasser-Eimer H. in die Höhe bewegen/ und durch Hülff der Gabel L in den Kasten K. ausschütten/ die Sailer aber/ müssen bey G. G. über zwo Rollen gehen.

Nota. Solte der Last aber gar zu groß/ und der Bronnen sehr tieff seyn/ könte/ an statt der gekröpfften Kurbe/ ein Tret-Rad angeordnet werden.

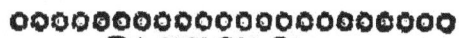

Die XXCV. Figur.
Ein Schöpff-Werck.

Dieses Schöpff-Werck kan an einem Ufer eines Wasser-Flusses angeordnet werden/ nemlich/ es wird ein Gestell von gevierten Höltzern H. H. aufgerichtet / und bey B. ein Wellbaum mit einer gekröpften Kurbe A. umgetrieben/ so windet sich das Sail um den Wellbaum/ und ziehet den Balcken D. unter sich/ welcher hernach den Wasser-Kubel G. in die Höhe bringet / und durch die gevierte Röhre I. das Wasser in die Rinne E. und also durch dieselbige noch ferner in den Wasser-Kasten K. ausgiesset.

E iij　　　　　　　　　　　　　　　Nota.

Nota. Hierbey ist in acht zunehmen/ daß man den Wellbaum B. nicht gar zu nahe an den Wasser-Kasten K. setze/ sondern man muß sich nach der Länge des Balckens D. richten/ welches man leichtlich probieren kan/ wann man nur zuvor den Balcken D. mit dem Sail perpendiculariter untersich gegen dem Boden zuziehet/ wird alsdann das End des Balckens D. weisen/ wohin man den Wellbaum anordnen solle/ zur Leichterung aber des Auffziehens/ wird ein Schwung-Rad C. angeordnet/ könte an dessen Platz auch wohl ein Trett-Rad/ je nach deme man einen grossen Last Wasser zu heben hat/ angeordnet werden; Es muß auch die Länge der Rimen E. nach dem Balcken D. proportionirt werden.

Die XXCVI. Figur.
Ein Schöpff-Werck.

Dieses Schöpff-Werck kan entweder durch Menschen/ oder Thier gezogen werden/ je nach deme man das Wasser aus einer grossen Tieffen zubringen hat/ nemlich man machet an einen auffrechten Wellbaum A. vier Schieb-Arme L. L. L. L. oberhalb denselben aber/ macht man eine runde Wellen B. um welche sich die zwey Sailer C. und D. auffund abwickeln sollen/ und gehen die Sailer über runde Waltzen oder Rollen bey M. N. und E. F. wann nun in Eimer G. in die Höhe kommt/ so füllet sich der ander K. wiederum/ und so fort an/ wird hernach das Wasser in l. ausgeschüttet.

Die XXCVII. Figur.
Ein Heintz- und Heng-Sail-Kunst.

Diese Heng-Sail-Kunst/ wie dieselbe von dem Inventore tituliret wird/ ist befindlich in des Stradæ Mühl-Buch der 111. Figur/ welche ziemlich obscur und undeutlich vorgebildet/ in deme der grosse Wasser-Kasten D. durch Zufluß des Wassers bey E. allezeit gefüllet/ und so viel Wasser man aus diesem von nöthen hat/ so viel wiederum zufliessen/ und dasselbige in den untern Kasten/ durch einen Krahnen oder Zapffen-Röhre/ (welche in der Figur nicht befindlich) lassen kan/ also man der andern Sachen/ als der beyden Waltzen A.

und B. nicht von nöthen hätte/ kan man derowegen nicht wohl vernehmen/ was die Intention des Erfinders seyn möchte/ wir wollen aber unsere Meinung/ (jedoch andern Verständigen hiermit nicht vorgreiffend) einfältig entdecken/ nemlich das C. ein siphon seye/ dessen Anziehung durch das Sail mit einer anhangenden Klappe mit Leder oder Filtz/ gefüttert/ das Wasser aus D. herüber in B. führet/ und auslauffend mache.

Nota. Was hierunter verborgen/ wollen andere verständige Künstler/ zu entdecken hiermit freundlich gebeten seyn.

Die XXCVIII. Figur.
Ein einfaches Pomppen-Werck.

Gegenwärtige Pomppe wird mit der Hand regieret/ und ist A. nur eine höltzerne Deichel/ B. ist die Pomopen-Stangen/ so unten eine Klappen oder Ventil haben soll/ wann nun B. durch Hülff der Stange C. welche bey D. befestiget/ auff- und abgezogen wird/ das Wasser von A. unten übersich hebet/ und durch F. ausgiesset.

Die XXCIX. Figur.
Ein doppeltes Pomppen-Werck.

Dieses Pomppen-Werck ist sehr nützlich/ kan insonderheit bey den Berg-Wercken gebraucht werden/ so leichtlich durch eine Person getrieben werden kan/ und wird an des gekröpfften Arms A. seinen Wellbaum F. ein Schwung-Rad/ oder andere Gewicht-Schwengel E. E. E. E. zur Hülffe des Umtreibens/ angeordnet/ der Wellbaum F. ist in dem verschlossenen Kasten/ zweymal gekröpfft/ damit solche Verkröpffung die Pomppen-Stangen auff- und abziehen/ welche in der Figur nicht angedeutet worden; Die Zerlegung und eigentliche Beschaffenheit aber des gantzen Wercks/ ist umständig in des Agricolæ Bergwerck-Buch fol. 145. zuersehen.

Nota. Das Schwung-Rad/ oder die Gewicht-Schwengel E. E. E. E. sollen in drey Theil/ und nicht in vier abgetheilet/ und das Gewicht zu dem Schwung solcher

solcher gestalt angeordnet werden / worvon
oben bey dem Mühl-Werck allbereit Erinnerung geschehen / die Ursache aber / daß solches
in drey / und nicht in vier Theil getheilet werden müsse / wird der geübte Künstler leichtlich
verstehen können / derowegen ohne Noth ferner
Meldung darvon zuthun.

Die XC. Figur.
Ein doppeltes Pomppen-Werck.

Dieses Pomppen-Werck wird durch
zwey Personen getrieben / hat bey A. A.
gekröpffte Kurben / damit man den gekerbten
Wellbaum B. hin- und wieder treiben / und also
die gekerbte Rahmen C. C. auff- und abziehen
könne / es werden aber bey E. die Zwerch-Balcken D. D. beweglich angeordnet / an welcher
Ende F. F. die Pomppen-Stangen eingesetzet /
und dardurch aus den Deicheln G. das Wasser
in den Kasten erhaben wird.

Nota. Wann an statt der gekerbten Rahmen C. C. gevierte Höltzer mit starcken Zapf-
pfen / sampt einem Wellbaum mit dreyen
Scheiben und eisernen Spindeln / bey diesem
Pomppen-Werck angeordnet werden / gleich
wie oben bey der 100. Figur angedeutet worden /
were solches besser / wird also dem Künstler frey
stehen / aus diesen beyden zuerwehlen / was ihme belieben möchte. Man solle auch hierbey in
acht nehmen / daß der gekerbte Wellbaum B.
mit seiner Circumferentz, sich noch der noth-
wendigen Auffhebung der gekerbten Stangen
C. C. richten solle / die Ursach dessen wird die Erfahrenheit demjenigen / so dieses nicht weiß / an
die Hand geben.

Die XCI. Figur.
Ein doppeltes Pomppen-Werck.

Dieses Pomppen-Werck kan durch eine
Person reguliret werden / hat bey A. einen
langen höltzernen Zieh-Arm / welchen man
unter- und übersich bewegen kan / und solle bey
B. oben einen starcken ledernen Riehmen / oder
eine eiserne Ketten haben / welche sich um den
Wellbaum C. auffwickeln lasse / bey D. ist ein

Gewicht E. angehänget / so dem Ziehen zu Hülffe kommt / und werden die Pomppen-Stangen / durch das gekerbte Rad F. auff- und abgezogen / und das Wasser bey I. und K. in den
Kasten L. ausgeführet.

Die XCII. Figur.
Ein vierfaches Pomppen-Werck / mit ei-
nem Trett-Rad.

Das Trett-Rad A. hat einen sechseckig-
ten Wellbaum G. an denselben wird ein
Kam-Rad B. angeordnet / welches mit
seinem Kam in die Kerben bey C. eingreiffet /
und damit die gekröpffte Kurben mit den Pomppen-Stangen reguliret / dieselbige auff- und abziehet / das Wasser von einer Höhe zur andern
hebet / deren weiter Beschreibung in des Agricolæ Bergwerck-Buch fol. 145. umständl-
ger zuersehen.

Die XCIII. Figur.
Ein einfaches Pomppen-Werck.

Dieses ist eine sonderbahre Art / ein Pomppen-Werck durch ein Gewicht B. anzurichten / ist aber ziemlich weitläufftig / kan nicht
gar wohl aller Orten gebraucht werden / insonderheit wann das Pomppen-Werck / nicht tieff
ins Wasser gestellet / also / daß auch das Gewicht B. nicht lange gehen / und also stetig auffgezogen werden muß; Es solle aber zu Anrichtung dieser Pomppe der Wellbaum / woran das
Gewichte B. hanget / mit einem Sperr-Rad
auffgezogen werden können / welches in der Figur nicht angedeutet worden / und greifft das
Kam-Rad C. in die Spindeln D. ein / führet
durch Anziehung des Gewichts B. den Wellbaum D. sampt dessen gezahnten Rade E. herum / welches Rad hernach ferner mit seinem
Kam in die Spindeln bey F. eingreiffet / und
dardurch den gekröpfften Arm G. sampt der
umgehenden Stange H. auch damit herum
führet / also letzlich die Pomppen-Stangen zu
Ausführung des Wassers reguliret wird.

Nota. An den Wellbaum D. kan wiederum zur Beyhülffe ein Schwung-Rad /
oder

Die XCVII. Figur.
Ein vierfaches Pomppen-Werck.

GEgenwärtiges vierfaches Pomppen-Werck wird durch ein grosses Wasser-Rad A. getrieben/ an dessen Wellbaum ist bey E. ein gekröpfftes Eisen/ welches mit seinem Umlauff eine eiserne Stange umtreibet/ auf- und abschiebet/ an welcher eisernen Stangen hernach ein Balcken D. derselbige regieret alsdann nicht allein die Pomppen-Stangen/ mit ihren Ventiln/ in den Röhren B B. sondern ziehet auch zugleich durch Hülff der Stange F. die beyde obere Pomppen G. und H. welche das Wasser in den Kasten I. ausgiessen/ von solchem Kasten alsdann hernach das Wasser/ wohin man es haben will/ geleitet wird.

Die XCIIX. Figur.
Ein doppeltes Pomp- und Druck-Werck.

DIese Machina kan nach füglicher Gelegenheit/ wo man ein fliessend Wasser hat/ angeordnet werden/ hat bey A. ein grosses Wasser-Rad/ an dessen Wellbaum auf beyden Seiten gekröpffte eiserne Arme seynd/ da dann der eine bey B. ein Druck-Werck hat/ dardurch das Wasser in C. übersich treibet/ auf der andern Seiten aber/ durch Hülff der eisernen Stange E. und dessen Schieb-Arm F. die beyde Pomppen K. und I. guberniret/ welche das Wasser in den Kasten L. ausgiessen.

Die XCIX. Figur.
Ein dreyfaches Pomppen-Werck.

MIt diesem Pomppen-Werck/ mag das Wasser ein ziemliche Höhe gebracht/ kan durch Menschen oder Thier regieret werden/ nemlich wann der auffrechte Wellbaum A. mit seinen Schieb-Armen herum geführet wird/ so greiffet dessen Horizantal liegendes Kamm-Rad C. in die Spindeln D. ein/ und treibet hernach den gekröpfften Wellbaum F. noch ferner herum/ welcher alsdann durch die Pomppe G. und H. nicht allein die Ober-Pomppe I. sondern auch durch K. M. und N. die andere zwo Pomppen O. und P. regieret/ und also das Wasser von einem Kasten zu dem andern

in die Höhe bringet. Bey E. ist ein Schwung-Rad angeordnet/ damit es dem Werck eine Leiterung oder Bey-Hülff geben könne.

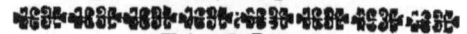

Die C. Figur.
Eine Wasser-Kunst mit einem Schöpff-Rad.

DIese Wasser-Kunst ist etwas mühsam/ kan durch Menschen oder Thier regieret werden/ hat ein grosses Wasser-Rad A. dessen Umlauff oder äusserste Circumferentz/ wird entweder von Holtz/ Leder/ oder dergleichen hohl gemacht/ wol verpicht/ und mit Wasser-Kütt verwahret/ fasset mit seinen gevierten Löchern B. B. B. das Wasser in den Kasten M. läst solches alsdann/ durch die hohle Speichen G. des Wasser-Rads. in den hohlen Wellbaum H. lauffen/ giesset sich hernach durch C. ferner aus/ wohin man solches haben will. Es wird aber das Rad A. solcher gestalt herum geführet/ wann nemlich an den auffrechten Wellbaum N. ein Thier (Ochs oder Esel) bey D. angespannet/ so greiffen die Spindeln E. in die Zapffen des Wasser-Rads I. welches dann den Wellbaum H. sampt dem Wasser-Rad herum führet. Wolte man die Wasser-Kunst aber/ durch Menschen regieren/ so macht man an den auffrechten Wellbaum oben ein gekröpfftes Eisen L. mit einem eisernen Schieb-Arm O. welcher in den Balcken G. beweglich eingemacht/ kan alsdann solches durch Hülff des Schwung-Rads F. leichtlich beweget und umgetrieben werden.

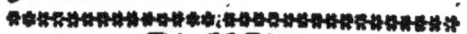

Die CI. Figur.
Ein doppeltes Pomppen-Werck.

DIeses Pomppen-Werck wird durch Personen/ so in einem Tritt-Rad A. gehen/ regieret/ und hat des Tritt-Rads Wellbaum einen gekröpfften Arm B. welcher mit seinem Umlauff/ die Pomppen-Stange C. auf und abziehet/ und durch die Deicheln D. das Wasser in den Kasten E. ausgiesset. Aus dem Kasten E. wird ferner das Wasser auf das Schauffel-Rad F. geleitet/ und hat dieses Rad/ gleich wie das vorige/ einen gekröpfften Arm G. welcher

D

cher die Pomppen-Stange H. auf- und abzie-
hen/ und das Waſſer durch die Deicheln L in den
Waſſer-Kaſten K. wiederum ausgieſſet.

Nota. Wann das Waſſer aus einer Tieffe
durch die Deichel L herauf geführet/ hernach
beſchriebener Maſſen/ von einem Kaſten in den
andern gehoben wird/ kan ſolches letzlichen aus
dem Waſſer-Kaſten L. durch Röhren oder Deicheln M. an andere Oerter geleitet und geführet
werden.

Die CII. Figur.
Eine doppelte Pomppe.

Dieſe Pomppe wird leitlich angerichtet/
nemlich/ man machet über dem Bronnen
oder Waſſer/ ſo man auspomppen will/ zwey
aufrechte Höltzer/ A. B. zwiſchen denſelbige machet man einen beweglichen Zwerch-Balcken/
wie einer halben runden Scheiben/ derer Ranfft
in der Tieffe eines ſtarcken Zolls ausgehölet ſeye/
damit man ein ſtarckes Sail oder Ketten I. darüber legen könne; An gedachten Zwerch-Balcken macht man auch einen langen Arm E. mit
einem Zieh-Sail F. welches bey G. wiederum an
ein Zwerch-Holtz/ ſo man überſich und unterſich trucken oder ziehen kan/ angemachet/ und damit alſo die Scheibe C. ſamt den beyden Zieh-
Sailern H. I. die Pomppen auf- und abgezogen
werden möge/ und das Waſſer durch K. und in
den Trog M. getrieben/ von demſelbigen ferner
in den Waſſer-Kaſten N. geleitet wird.

Nota. Zu leichter Ziehung des Wercks iſt an
den obern beweglichen Balcken ein Gewicht-
Schwengel angeordnet/ und kan der Künſtler
dieſes einfältige Werck nach Belieben mit anderm Zuſatz verbeſſern oder vermehren.

Die CIII. Figur.
Ein dreyfaches Pomppen-Werck.

Dieſes Pomppen-Werck iſt ſehr mühſam/
wird an einem Waſſer-Fluß/ wo man es
haben kan/ nach folgender Geſtalt angeordnet.
Man machet erſtlich/ ein groſſes Waſſer-Rad
A. deſſen Wellbaum bey B. ein gekröpft Eiſen
haben ſolle/ welches mit ſeinem Umlauff die eiſerne Stange C. auf- und abziehet/ und damit
den Balcken D. ſamt der Pomppen-Stange E.
auf- und abführet/ und damit das Waſſer aus

dem Fluß G. in den Kaſten F. hebet. Weilen nun
bey L. an dem Ende des Balckens D. wiederum
eine Schieb-Stange K. angeordnet wird/ ſo
machet ſelbiger Bewegung das Waſſer aus F.
ferner durch H. ſteigend/ in den zweyten Kaſten
O. von welchem es letzlichen durch die Pomppe
P. in dritten und letzten Kaſten Q. getrieben
wird/ und ſo fort an.

Die CIV. Figur
Eine Waſſer-Kunſt.

Durch dieſe Waſſer-Kunſt kan das Waſſer eine ziemliche Höhe getrieben-werden/
iſt füglich an einem Waſſer-Fluß anzuordnen/
mit einem Pldtſch-Rad P. an deſſen Wellbaum
wird ein Kam-Rad F. angeordnet/ welches mit
ſeinem Kam in den Trilliß D. eingreiffet/ denſelbigen ſamt der Schrauben ohne End B. herum
führet zugleich aber auch die gekerbte Waltze A.
ſo in dem Gehäuß Z. eingeſchloſſen mit ſich
nimmt/ und das Waſſer durch die Röhre K. überſich treibet in den Kaſten Q. und von dorten aus
bey X. weiter fort geleitet wird.

Nota. Die Röhre K. kan unten ein Ventil ha-
ben/ damit der Laſt des Waſſers aufgehalten/
und nicht wider zurück falle möge. Dieſe Waſſer-Kunſt wird auch eine Caſpel-Kunſt genen-
net/ und kan die Waltze/ ſamt deren Gehäuß
oder Caſpel Z. von guten Möſſing oder Metall
gegoſſen/ und fein heb beſchloſſen werden. Wie
die Waltze mit ihren Kerben zu verfertigen/ iſt
bey der Figur A. ſolches mit punctirten Linien
angedeutet/ und dem Künſtler zu fernerm
Nachdencken hiermit überlaſſen.

Die CV. Figur.
Eine Waſſer-Kunſt mit Schöpff-Rädern.

Gegenwärtige Waſſer-Kunſt kan an einem flieſſenden Bach/ oder andern Fluß/
mit einem dreyfachen Waſſer-Rad S.
nachfolgender Geſtalt angeordnet werden; Nem-
lich/ man machet ein groſſes Waſſer-Rad/
welches auf beyden Seiten flache Schauffeln
hat/ ſo zu dem Trieb des Waſſers von nöthen/
zwiſchen denſelbigen aber ordnet man allezeit/
zwiſchen dreyen Schauffeln/ Schöpff-Käſten
B. B. B. oder Fächer/ ſo das Waſſer aus dem Fluß
A. überſich hebe/ und durch Umlauff des Rads
in den

in den Kasten Q. wiederumb ausgießen. Weilen man aber das Wasser noch ferner in den obern Kasten P. heben solle/so muß man an des großen Wasser-Rads Wellbaum ein gezapfftes Rad K. befestigen/ in welches Zapffen noch ein anders Kam-Rad H. eingreiffen/und damit die beyde obere Räder G. und Z. umführen solle/ das Rad Z. soll/gleichwie das vorige/Schöpff-Kästen haben/ und durch dieselbe das Wasser in P. ausgießen.

Nota. So man diese Wasser-Kunst/zu einem springenden Bronnen auf einem Platz oder in einem Garten/brauchen wolte/wird der Fall des Wassers durch die Röhre T. wiederumb herab geführet/ dann je höher der Kasten P. gestellet/ und das Wasser drein geführet wird/je schöner und höher man das Spring-Werck machen kan/und solle die Röhre T. unten/ oder bey derselbigen Ausführung/mit einem großen möshngen Krahnen wol verwahret werden/ damit man also das Wasser/so offt man will/ stellen oder lauffen lassen kan.

Die CVI. Figur.
Eine Wasser-Kunst mit Schöpff-Rädern.

Diese Wasser-Kunst ist der vorigen fast gantz gleich/ hat drey Schöpff-Räder R. Q. Z. durch welche das Wasser in die Kästen F.H.I. gehoben wird/ welches füglich geschehen kan/wann man an den Wellbaum des großen Rads R. ein Zapffen-Rad V. befestiget/ welches mit seinem Zapffen in die Spindeln bey S eingreiffet/ damit den aufrechten Baum T. samt seinen übrigen Spindeln und Rädern K. und L. umtreibet.

Der Wasser-Fall wird durch X. angewiesen/ kan durch Y. eine gevierte Röhre aus dem Kasten O. an andere Oerter geleitet werden.

Die CVII. Figur.
Eine doppelte Pomppe mit einem Trett-Rad.

Diese Pomppe wird durch ein Pferd A. (oder anders Thier) getrieben/ in deme man ein großes Trett-Rad B. nach Gelegenheit des Orts/anordnet/und wird an dessen Wellbaum ein Zapffen-Rad C. befestiget/ welches mit seinen Zapffen in die Spindeln D.D. eingreiffet/damit dann auch den andern Trillis D.

herum führet/welcher mit seinen Stecken oder Spindeln alsdann in des Horizontal liegenden Rads E. Kam eingreiffet / solches samt dem aufrecht stehenden Wellbaum L. mit dessen Spindel-Waltze F. und den Rad G. herum führet/da dann der Wellbaum M. mit seinem Heb-Arm H. und I. die Pomppen-Stangen regieret/ und das Wasser durch die Röhren oder Deichen K.K. über sich hebet/ und in die Wasser-Kästen N.N. ausgießet.

Die CIIX. Figur.
Eine Wasser-Kunst mit einem Taschen-Werck.

Diese Wasser-Kunst kan durch ein Thier umgetrieben werden/ und wird an den aufrechten Wellbaum A. oben ein Horizontal liegendes Rad B. mit untersich hangenden Zapffen befestiget/dessen Zapffen in die Spindeln C. eingreiffen / und damit den Wellbaum D. und dessen sechs Gabeln E. herum führen. Es fassen aber die Gabeln E. allezeit die Taschen F. und ziehen solche durch die Röhre G. bringen das Wasser aus der Tieffen herauf/gießen solches durch H. in L aus.

Die CIX. Figur.
Eine Wasser-Kunst mit einem vierfachen Druck-Werck.

Diese Wasser-Kunst kan an einen Fluß/ nach Gelegenheit des Orts/angeordnet werden / und mache man an den Wellbaum des großen Wasser-Rads A. zwey andere Zapffen-Räder/welche in den Trillis F. eingreiffen/ und mit dessen Zapffen-Rad E. die vier Druck-Wercker V.X.Y.Z. das Wasser durch die Röhren 2.3.4.5. in die Höhe treiben/ und weiter an den begehrten Ort wieder fallen lassen/ wie oben bereits angewiesen worden.

Die CX. Figur.
Eine Wasser-Kunst mit einem vierfachen Druck-Werck.

Diese Wasser-Kunst ist ein vierfaches Druck-Werck / kan / nach Gelegenheit des Orts/an einem fließenden Wasser ausgeordnet werden/und wird an den Wellbaum X. des großen Wasser-Rads A. ein ander kleines Rad B. befesti-

B. befesti-

B. befestiget/ welches nur halb gezahnet seyn sol-
le/ wie bey Z. notiret worden; Dieses Rädlein
wird durch den Wellbaum X. umgetrieben/ hebet mit seinem Umlauff/die beyde eiserne Rahmen C. und D. auf- und ab/ welche alsdann
ferner die Pomppen-Stangen G.H.F.F. regie-
ren/ und das Wasser durch O.P.Q.R. eine ziemliche Höhe bey T. in eine Wasser-Rinne V. trei-
ben/ von welcher alsdann solches ferner zu dem
begehrten Ort geleitet werden kan.

Die CXI. Figur.
Ein einfaches Pomppen-Werck.

GEgenwärtige Pomppe kan durch eine
Person regieret werden/ gehet aus vorigen Fundament/ nemlich/ wann durch
die Kurbe G. der Wellbaum C. umgetrieben
wird/ so führet derselbige das halbe gezahnte
Rädlein H. mit herum/ welches mit seinen Zäh-
nen/ in die Zapffen-Rahme E. hernacher ein-
greiffet/ und damit den Pomppenstößel/ auf-
und abziehet/ hernach das Wasser durch I. so
ein Ventil oben bey I. ausschüttet/ und ist
zur Beyhülff des leichtern Umtriebs ein
Schwung-Rad A. angeordnet.

Nota. Wolte man eine doppelte Pomppe
aus dieser machen/ kan solches leichtlich gesche-
hen/ wann man nur oben ein Rädlein bey K.
einsetzet/ die gezahnte Rahme aber mit einer
Ketten über gedachtes Rädlein leget/ und an
die beyde Schenckel der gezahnten Rahme die
Pomppen-Stößel ansetzet/ so werden dieselbige mit Umtreibung des Rädleins H. auf- und
abgehen/ welches dem geübten Künstler frey
gestellet wird.

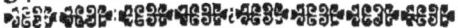

Die CXII. Figur.
Eine doppelte Pomppe.

UNter vielen Manieren/das Wasser über
sich zuziehen/ ist gegenwärtige Pomppe
gar eine feine Art/ erfordert nicht viel
Unkosten/und kan man damit eine grosse Menge Wasser heben/ es sollen aber die beyde ausge-
höhlte Pomppen-Stößel E.E. fein satt in den
Pomppen-Röhren D. gehen/also/daß zwischen
den Röhren und Stößeln kein Lufft seye/ und
werden die Stößel mit einem Zwerch-Balcken

B.B. leichtlich auf-und abgezogen/ bey F.F. durch
welchen ein Nagel C. in den aufrechten Balcken A.A. gehet/können Fall-Klappen gemacht
werden.

Die CXIII. Figur.
Eine einfaches Kugel-Werck mit Heng-Sailen.

DIeses ist eine alte Invention, wird von
den gemeinen Werck-Leuten ein Pater-
noster-Werck genennet/ weilen an das
Heng-Sail A. viel ablange gedrehte Kugeln B.
gehenget werde/welche Kugeln fein behend durch
die Röhre C. gehen sollen/unnd das Wasser aus
der Tieffen mit sich herauf bringen/hernach solches in den Wasser-Kasten D. ausgiessen. Die
Anrichtung aber dieses Wercks/ kan auf vielerley Weiß geschehen/ ist allhie nur einfältig
vorgebildet/ wird durch zwo Personen/ so die
Haspel-Waltze E. herum ziehen/ regieret/ kan
bey G. ein Kam-Rad haben/ welches mit seinen
Zähnen oder Kam in die Kerben-Waltze H. ein-
greiffet/ und damit den Wellbaum I. samt dem
Rad K. herum führet.

Nota. Die Kugeln B. sollen/ihrer Länge weit
voneinander gesetzet werden/ also/ daß das
Spacium zwischen zweyen Kugeln eben so weit
als die Kugel lang seye. Bey F. ist zu Erleichterung des Zugs ein Schwung-Rad angeord-
net/und könte man anstatt der Haspel-Waltze/
einen leichtern Trieb von Rädern anordnen/al-
so/ daß man nur durch eine Person/ das gantze
Werck regieren möchte; welches dann ein jeder
geübter Werck-Meister/ nach seinem Belieben
anzuordnen wissen wird.

Die CXIV. Figur.
Ein dreyfaches Kugel-Werck.

DIeses Kugel-Werck ist dem vorigen gantz
gleich/ wird aber durch ein Tret-Rad A.
umgetrieben/an dessen Wellbaum ist ein Kam-
Rad B. angeordnet/ welches mit seinem Kam
in die Kerben C. eingreiffet/selbige mit dem Wellbaum F. herum führet/ ist auch zu leichterm
Trieb des Schwung-Rad D. angeordnet/ und
gehen die Kugeln durch die Deicheln oder Röhren D. welche das Wasser in den Kasten F. ferner ausgiessen.

Die

Die CXV. Figur.
Ein einfaches Kugel-Werck.

DIeses Kugel-Werck wird durch Pferd oder andere Thier umgetrieben/ und das Wasser eine ziemliche Höhe aus einem Berg-Werck/ oder tieffen Grube herauf gebracht/ so nun der aufrechte Wellbaum A. herum gezogen wird/ führet derselbe alsdann das Horizontal liegende Rad B. mit sich herum/ welches mit seinem aufrechten Kam in die Kerben C. eingreiffet/ damit die Scheibe D. samt den Kugeln durch die Röhre hernach ziehet/das Wasser in den Kasten F. ausgiesset/ und von demselbigen alsdann ferner fort geleitet wird.

Die CXVI. Figur.
Ein doppeltes Kugel-Werck.

DIeses Kugel-Werck ist wieder dem vorigen fast in allem gleich/ wird nach Gelegenheit des Orts von einem grossen Wasser-Rad A. umgetrieben/ an dessen Wellbaum wird ein Kam-Rad befestiget/ welches mit seinen Neben-Zapffen/ oder Kam in die Spindeln des Trillis B. eingreiffet/ und damit den aufrechten Wellbaum H. und I. herum treibet/ und führen die Spindeln L das gezahnte Rad C. mit seinem Wellbaum K. samt dessen zweyen Kugel-Waltzen E.E. herum/ welche hernach die Kugeln D. D. durch die Röhren G.G. hernach ziehen/ und das Wasser in den Kasten F. ausgiessen.

Die CXVII. Figur.
Ein einfaches Kugel-Werck.

DIeses Kugel-Werck wird an einem Ort/ da es die Gelegenheit leidet/ durch eine Wind-Mühle getrieben/ und wird an den grossen Wellbaum A. der Wind-Flügel B.B. ein Kam-Rad C. angemacht und befestiget/ welches mit seinem Neben-Kam in die Spindeln D. eingreiffet/ dieselbige/ samt dem untersich gezapfften Horizontal liegenden Kam-Rad E. wie auch den Wellbaum F. ferner herum führet/ und die Kugeln LL. durch die Röhre L. ziehet/ das Wasser in den Kasten K. ausgiesset.

Die CXIIX. Figur.
Ein vierfaches Pomppen-Werck mit Schiffen.

DIeses Pomppen-Werck/ kan an einem Wasser-Fluß/ welcher ein hohes Ufer hat/ angeordnet werden/ da man insonderheit benöthiget/ das Wasser aus dem Fluß/ auf das hohe Land zuheben. Solches zumachen/ so wird auf zwey Schiffe ein hölzern Balcken-Gestell gemacht/ nach der Höhe/ wo man das Wasser hin heben will/ zwischen gedachten Schiffen aber/ wird ein grosses Wasser-Rad A. verfertiget/an dessen Wellbaum auf einer Seiten ein gekröpfften Arm/ mit seinem Umlauff die Stange M. auf-und abschiebet/ also/ damit durch Hülffe der beyden Balcken C.D. und F.G. die Pomppen E.E. und K.K. regieren/ das Wasser von dem Fluß in den Kasten L. und von demselben in den Kasten N. heben/ und bey O. ausführen kan.

Die CXIX. Figur.
Ein Schöpff-Werck mit Kästen.

DIeses Schöpff-Werck kan/gleichwie das vorige Pomppen-Werck/an einem hohen Ufer eines Wasser-Flusses/oder an einer tieffen Wasser-Gruben leichtlich angeordnet werden/ nemlich/ man macht ein hölzern Gestell A.Z. O.P. ordnet in dasselbige ein Zieh-Rad C. welches eine Person von Sprossen zu Sprossen mit Händen herum treiben kan/ und solle das Rad einen geviertten Wellbaum I. haben/ in der Grösse oder Breite der Wasser-Kästen; Die Wasser-Kästen aber sollen alle mit eisernen Gläichen und Nägeln/ so in einem Gewerb gehen/ aneinander gehänget werden/ so nun dieselbige voll Wasser heraufgezogen/ giessen sie sich bey LL. in die Rinne M. aus/wie die Gläiche zumachen besiehe. LX.Y.

Die CXX. Figur.
Ein Schöpff-Werck mit Kästen.

DIeses Schöpff-Werck wird auf eine andere Manier durch zwo Personen regieret/ und kan durch solches ein grosse Menge Wassers in die Höhe gebracht/ und ausgeführet werden/ nemlich/ man macht einen Wellbaum C. zwey Kam-Räder G.H. welche man

D iij

nur zu dem Ende geschehen / damit man die Sache desto besser verstehen möge.

Die CXXV. Figur.
Ein dreyfaches Schöpff-Werck mit gevierten Kästen.

Dieses Schöpff-Werck kan an einem Wasser-Fluß/ wo man die Gelegenheit haben kan/ aufgebauet werden/ und werden an die Schauffeln des Wasser-Rads gevierte Kästen CC. angemacht/ welche das Wasser aus dem Fluß A. fassen/ solches in die Höhe bringen/ in den Kasten D. ausgiessen/ will man nun dieses aus dem Kasten D. ferner in den Kasten K. und von demselbigen in den obern Kasten L. führen/ so muß man an des Wasser-Rads B. Wellbaum M. ein Kam-Rad E. anordnen/ welches mit seinem Kam in die Spindeln bey N. eingreiffen solle/ und damit den Wellbaum F. samt seinen Kästen umwaltzen/ durch die geköpffte Wellbäume O. O. und Schieb-Arme P. P. die übrige sechseckigte Waltzen G. und H. mit herum führen/ und das Wasser mit Hebung der Kästen/ an ihre gebührende Oerter ausgiessen möge.

Nota. Bey diesem Schöpff-Werck ist insonderheit wol in acht zu nehmen/ daß man das Wasser-Rad recht austheile/ und seine gebührende Grösse gebe/ erfordert einen starcken Wasser-Fluß/ und könte man/ zu besserm Trieb des Wasser-Rads/ zwischen zweyen Kübeln noch eine oder zwo Schauffeln anordnen/ solte solches aber gar hart gehen/ und die zwey obere Wercker/ nicht treiben können/ müste man an den Wellbaum M. ein Tret-oder Schwung-Rad verfertigen/ welches dann der geübte Werck-Meister/ in Aufrichtung solcher Schöpff-Kunst am besten anzuordnen wol wissen wird. Es ist aber auch allhie insonderheit zuobserviren/ daß man den Wellbaum F. länger machen solle/ als derselbe in der Figur angedeutet worden/ dann der Spindel-Kumpf bey N. solle vor dem untern Wasser-Kasten D. bey Q. heraus stehen/ derowegen auch der Wellbaum M. des Wasser-Rads B. länger seyn soll/ damit das Rad E. in die Spindeln N. eingreiffen könne/ welches nach dem Aufriß der Figur sonsten nicht seyn kan/ wie man dann solches in Verfertigung eines Models leichtlich wird sehen und erfahren können.

Die CXXVI. Figur.
Ein vierfaches Schöpff-Werck mit Kästen.

Dieses Schöpff-Werck/ wird durch Hülff zweyer angehengten Gewicht-Steinen A. B. und zweyer Unruhen C. D. mit ihren Cron-Rädern E. E. regiret/ hat vier Stirn-Räder / F. G. H. I. welche in die Spindel-Waltzen O. O. P. P. eingreiffen/ und damit die beyde Schauffel-Waltzen N. und V. samt den Wasser-Kästen R. Q. T. umführen/ und giesset sich das Wasser in gedachte Schauffel-Waltzen aus/ von welchen hernach solches ferner/ durch die Achs S. eines jeden Wellbaums/ an die begehrte Oerter ausleeret/ und werden die Gewicht-Steine durch Hülffe zweyer Personen bey X. Y. aufgezogen/ auch wickeln sich die Gewicht-Saile M. M. um die beyden Waltzen K. L.

Nota. Bey X. und Y. sollen zum aufziehen/ gleichwie oben gedacht worden/ Sperr-Räder gemacht werden/ damit das Werck nicht zugeschwind ab-oder zurück lauffen könne/ es ist aber in dieser gantzen Figur/ die Ableitung oder Ausführung des Wassers von dem Inventore ausgelassen worden/ kan hierinn nicht anders/ als wie in voriger Erklärung angedeutet/ als durch die Achse oder deren Wellbaum ausgeführet werden.

Die CXXVII. Figur.
Ein sechsfaches Schöpff-Werck mit Kästen.

Dieses Schöpff-Werck ist nicht allein ziemlich kostbar / sondern gehet auch gar hart/ muß durch Pferde/ oder andere Gewalt/ getrieben werden/ wann demnach der aufrechte Wellbaum A. umgetrieben wird/ so führet derselbige das Horizontal gezäpffte Rad C. mit sich herum/ welches mit seinen Zapffen in die Spindeln bey E. eingreiffet/ durch den Umlauff den Wellbaum D. samt dessen zweyen Stirn-Rädern F. und S. mit sich nimt/ welche noch ferner in die Spindeln-Kümpffe R. der beyden obern Stirn-Rädern P. T. eingreiffen/ dieselbige sämptlichen herum führen/ und das Wasser von einem in den andern Kasten O. Q. N.

heben/

heben/ und ausgießen/ wozu dann auch das groſſe Stirn-Rad G. behülfflich ſeyn wird/ auch weiſet die Figur umſtändig/ wie ſich die Waſſer-Käſten fülle/und wiederum ausleeren.

Die CXXIIX. Figur.
Ein ſechsfaches Schöpff-Werck mit Käſten.

Dieſes Schöpff-Werck iſt dem vorigen nicht ungleich / hat nur an ſtatt der Stirn-Räder drey liegende Horizontal gezäpffte Räder F. O. P. welche an dem Well-baum N. befeſtiget / und greiffen die Zapffen-Räder in die Spindel-Waltzen H.G.R.Q.T.S. ein / welche dann die ſechseckichte Wellbäume I. K. a. b. c. d. ſamt den Käſten herum führen/ und das Waſſer in die Höhe bringen; Es wird aber das gantze Werck/ von dem groſſen Waſ-ſer-Rad A. getrieben/ an deſſen Wellbaum C. ein auf der Seiten gezäpfftes Rad D. befeſti-get/ welches mit ſeinem Kam in die Spindeln bey E. eingreiffet/ und damit den aufrechten Wellbaum N. ſamt deſſen gedachten Rädern herum treibet/ das Waſſer wird/ nach Gele-genheit des Orts/ durch den Canal B. auf das groſſe Waſſer-Rad A. geleitet.

Die CXXIX Figur.
Ein einfaches Schöpff-Werck mit Käſten.

Dieſes Schöpff-Werck läſt ſich an einem hohen Uſer/ bei einem ſtarcken flieſſenden Strom/ leichtlich anordnen/ nemlich/ wann man ein Gerüſt/deſſen halber Theil im Waſſer/ das andere aber auf dem Land ſeyn ſoll/ ma-chet/ und wird unten an das Gerüſt ein groſſes Pfletſch-oder Waſſer-Rad angeordnet/ durch deſſen Umlauff die Spindeln B. das Zapffen-Rad C. ergreiffen/ daſſelbige gleicher Geſtalt mit ſeinem aufrechten Wellenbaum D. umtrei-ben/ wie dann nicht weniger der Wellbaum D. mit ſeinem Spindel-Rumpf E. das Horizon-tal-Rad F. ſamt deſſen aufrechten Wellbaum G. mit ſich nimt/ und den Umlauff des obern Spindel-Rumpffen H. mit dem Zapffen-Rad I. auch deſſen obern Wellbaum K. herum füh-ret/ das Waſſer in den Kaſten M. mit dem

Schauffel-Rumpffen L. bey N. auslauffend machet/ daſſelbige in O. ſchüttet/von dannen es in andere Oerter geleitet werden könne.

Nota. Hierinnen iſt nicht rathſam dem Inventori dieſer Machinæ zufolgen/ in deme man ein Theil aufs Land/und den andern Theil dieſes Wercks ins Waſſer ſetzen ſolle/ dann faſt nicht müglich/ daß das Gehäuß/worinnen die Räder und das Getrieb gehen ſollen/ durch die vielfältige Bewegung ſtillſtehend bleiben kön-ne/ wäre derohalben beſſer/ daß man das gantze Gerüſt auf zwey Schiffe ſtellete/ und das Waſ-ſer-Rad zwiſchen beiden Schiffen einſchlieſſen thäte/ welches wir dem verſtändigen Werck-Meiſter übergeben/und ſolches zu erinnern/ aus gedachten Urſachen/ nicht umgehen können/ ſolte von jemand anders etwas beſſers vorge-bracht werden/verlangen wir es zu vernehmen.

Die CXXX. Figur.
Ein einfaches Schöpff-Werck / beneben einer Stampff-Mühl.

Der Inventor dieſer Machinæ zielet damit auf etwas ſonderbares/in deme er das zu-vor hinaufgehobene Waſſer A. wiederum durch B. auf das groſſe Waſſer-Rad C. fallen läſſet/ an deſſen Wellbaum eine Schraube ohne End geordnet/ welche das Schrauben-Rad D. er-greiffet/ und mit ſeinem Spindel-Rumpff E. herum führet/ dardurch das Horizontal-Rad F. mit ſeinem Wellbaum G. ſamt deſſen obern Spindel-Rumpff H. gleichmäſſig umtreibet/ alſo letzlichen den Wellbaum L. mit dem Schauffel-Rumpffen K. die Waſſer-Käſten heben/ und das Waſſer R. wiederum in A. aus-gieſſet.

Damit man aber den Nutzen dieſes Wercks ſehen könne/ ſo wird an dem Wellbaum P. des Waſſer-Rads C. auf der andern Seiten ein Pulver-Mühl oder andere Stampf-Mühl/ O.O. je nach Belieben des Meiſters/angerichtet.

Nota. Dieſes Werck mit Nutzen anzurich-ten/ muß man zuvor ſehen / ob man Waſſer gnug haben könne/ oder nicht/ wäre gut/ wo man eine ſtarcke Quell haben könte/ ſonſten wird ſich das Waſſer verzehren/ und durch die Lufft verlieren lap. ſat. dict.

Die

Die CXXXI. Figur.
Ein doppeltes Schöpff-Werck mit Kästen samt zweyen Pomppen.

DJeses Schöpff- und Pomppen-Werck kan an einem fliessenden Wasser/ bey welchem eine starcke Bronnen-Quelle/ welche man gerne an einen Ort erheben und leiten wolte/ durch Hülff eines grossen Wasser-Rads I. angerichtet werden/ und solle an gedachten Rad I. Wellbaum K. ein starcker Kumpff L. mit eisern Spindeln angemacht und befestiget werden/ dessen Spindeln die hangende Zähne des Horizontal Rades D. ergreiffen/ daselbige samt dessen Wellbaum E. mit seinem Spindel-Kumpf F. herum führen/ und zugleich das auf der Seiten gezahnte Rad G. mit seinem Wellbaum H. umgehend machet/ dardurch die Wasser-Kästen C. und B. aus der Tieffen übersich führen/ daselbsten das Wasser in M. und N. ausgiessen/ von welchem hernach das Wasser an gehöriges Ort ferner hin geleitet wird.

Die Pomppe an dieses Werck füglich anzuordnen/ geschiehet solches leichtlich/ wann man an den Wellbaum H. eine doppelte gekröpffte Kurbe A. machet/ welche mit ihrer Kröpffung die Pomppen-Stangen auf-und abziehen wird/ und also das Wasser / wohin man will/ ausgiessen möge.

Die CXXXII. Figur.
Ein Schöpff-Werck mit Kästen samt einem Schöpff-Rad.

MJt diesen doppelten Schöpff-Werck/ kan man das Wasser nicht allein in die Höhe/ sondern auch auf der Ebene fort leiten/ geschiehet aber solches am füglichsten/ wann man einen starcken Wasser-Fluß zum besten hat/ an denselbigen machet man ein Gebäu oder Gerüst mit einem grossen Schauffel-Rad A. an dessen Wellbaum D. wird ein starcker Spindel-Kumpff befestiget/ welcher mit seinen Spindeln des Horizontal-Rads E. Zapffen ergreiffet/ damit solches sein Wellbaum H. samt dessen obern Spindel-Kumpf

sen F. umgehend machet/ also letzlichen den grossen Schauffel-Kumpffen K. mit seinen Zapffen L. ergreiffet/ das Wasser von den Kästen in denselben ausschüttet/ durch die Achsen des Wellbaums L. bey G. das Wasser aus führet.

Wolte man aber auch zugleich das Wasser auf eine Ebene durch diß Werck führen/ so kan man an den Wellbaum D. ein hohles Wasser-Rad B. anrichten/ welches mit seiner Circumferentz das Wasser fassen/ und bey C. ausgiessen könne/ wie allbereit oben von dergleichen ausführliche Meldung geschehen/ derowegen nicht nöthig von dieser Sach weitläufftigern Umstand zu machen.

Die CXXXIII. Figur.
Ein einfaches Schöpff-Werck mit Kästen.

DJeses Schöpff-Werck kan an einem Ort/ wo man das Wasser in die Höhe/ aus einem tieffen Bronnen oder Gruben heben solle/ angerichtet werden/ wird füglich durch ein Thier/ Pferd/ Ochsen oder Esel umgetrieben/ hat einen aufrechten Wellbaum A. mit einem starcken Spindel-Kumpff B. welcher in des Stirn-Rads C. Seiten-Zapffen eingreiffet/ daselbige mit seinem Wellbaum D. herum führet/ und das Wasser / so von den Kästen in die Höhe geführet / bey E. in den Schauffel-Kumpff ausgiesset/ von welchem hernach solches in den Kasten F. fället und nach begehrten Ort ferner fort geleitet wird.

Die CXXXIV. Figur.
Ein Schöpff-Werck mit Bulgen.

DJeseMachina wird durch ein Pferd umgetrieben/ auch kan das Wasser mit den Bulgen I. aus der Tieffen eine ziemliche Höhe geführet werden/ und hat der aufrechte Wellbaum A. etliche lange Arme/ an deren einem B. die Pferde bey C. angespannet / also vorgedachten Wellbaum A. herum führen; An solchem Wellbaum wird unten ein Horizontal liegendes Zapffen-Rad K. angerichtet/

E **dessen**

deſſen Kam oder Zapffen überſich ſtehen/ in die Spindeln oder Kerben bey D. eingreiffen/ damit alſo den ſechs- oder acht-eckichten Wellbaum G. herum treiben/ das Waſſer von den Bulgen I. in den Kaſten L. ausgieſſen.

Zu leichterm Umtrieb/ iſt bey F. ein Schwung-Rad an den groſſen Wellbaum G. befeſtiget/ welches mit Niederdruckung des Balckens H. durch E. den Umlauff des Rads/ ſamt dem gantzen Werck/ſtillſtehe machen kan.

○○○○○○○○○○○○○○○○○○○○

Die CXXXV. Figur.
Ein einfaches Schöpff-Werck mit Käſten.

GEgenwärtiges Schöpff-Werck/ ſo das Waſſer aus einem tieffen Bronnen in die Höhe bringt/ wird durch Hülff eines angehängten Gewicht-Steins A. ſamt einer Unruhe B. regieret/ und wird das Gewicht durch eine Haſpel-Waltze C. aufgezogen/ deſſen Ablauff alsdann verurſachet den Umgang des Wellbaums H. an welchem ein Stirn-Rad F. befeſtiget/ welches mit ſeinem Kam in die Spindeln des Kumpffen G. eingreiffet/ damit den Wellbaum I. ferner mit deſſen Kam- oder Stirn-Rad D. herum führet/welches Rad dann letzlich/mit ſeinem Kam in die Stecken des Kumpfs E. eingreiffet/ deſſen Wellbaum K. mit ſich herum treibet/ und dardurch die Waſſer-Käſten in die Höhe führet/ bey M. das Waſſer in den Kaſten L. ausgieſſet/ und von demſelbigen hernach an begehrte Oerter ferner geleitet wird.

Nota. Dieſes Werck läſt ſich auf einem hohen Thurn/ oder anderm dergleichen Ort am beſten anrichten/ damit das Gewicht A. deſto länger zugehen/ und nicht ſo oft aufzuziehen wäre.

✦✦✦✦✦✦✦✦✦✦✦✦✦

Die CXXXVI. Figur.
Ein Schöpff-Werck mit Käſten.

DIeſes Schöpff-Werck/ wird gleich dem vorigen/ auf einem Berg-Haus/ oder ſonſten tieffen Bronnen angeordnet/ damit das Waſſer aus der Tieffe in die Höhe gezogen werden möge/ und geſchiehet

ſolches/ wann man an die Wechſel-Scheiben B. ein groſſes Gewicht A. angehänget/ deſſen durchgezogenes Sail der Wechſel-Scheiben B. und D. an der Waltze C. befeſtiget/ durch Hülff des Rads N. aufgezogen werden kan/ wann nemlich/ der Spindel-Kumpffe F. ſo an dem Wellbaum des Zieh-Rads N. mit ſeinen Spindeln das Stirn-Rad E. ergreiffet/ und ſolches mit Gewalt herum treibet/ ſo wird ſich alsdann/ das Sail um die Waltze C. aufwinden/ hernach ferner den Trieb und Hebung des Waſſers/ mit Hülff des andern Stirn-Rads I. verurſachen/ nemlich/ wann das Stirn-Rad I. in den Spindels-Kumpff H. eingreiffet/ ſo führet daſſelbige zugleich/ das auf der Seiten gezapffte Rad K. mit ſich herum/ machet auch damit zugleich den Trieb und Umlauff des Kumpffen L. ſamt deſſen Wellbaum O. und des Schwung-Rads P. Auch gieſſen die Käſten das Waſſer bey M. in den hohlen Schauffel-Kumpff/ durch deſſen Achs bey Q. ſolches alsdann an gehöriges Ort geführet oder geleitet wird.

✦✦✦✦✦✦✦✦✦✦✦✦✦

Die CXXXVII. Figur.
Ein Schöpff-Werck mit Bulgen.

DIeſes Schöpff-Werck wird durch ein Waſſer-Rad A. umgetrieben/ an deſſen Wellbaum ein Spindel-Kumpff B. angeordnet und befeſtiget/ welcher mit ſeinen Spindeln in die Zapffen des Horizontal-Rads C. eingreiffet/ ſolches mit ſeinem aufrechten Wellbaum D. und deſſen obern Spindel-Kumpff E. herum führet/ letzlichen ergreiffen auch die Spindeln des Kumpffs E. das auf der Seiten gezahnte Rad F. und treiben ſolches/ ſamt dem Wellbaum G. noch ferner herum/ gieſſen das Waſſer der Bulgen H. in den Kaſten I. aus/ von welchem alsdann ſolches an begehrte Oerter geleitet und geführet wird.

✦✦✦✦✦✦✦✦✦✦✦✦✦

Die CXXXIIX. Figur.
Ein Schöpff-Werck mit angehengten Krügen.

DIeſes Schöpff-Werck dient ebenmäſſig/ das Waſſer aus einem tieffen Bronnen/ oder

oder dergleichen/in eine ziemliche Höhe zu bringen / wird durch Hülff eines angehengten schweren Gewichts E. regieret/ und wird das Gewicht durch den Spindel-Rumpff bey A. mit Beyhülff des Waltzen-Rads B. aufgezogen/ auch winder sich der Strick um die Walße B. gehet durch die Rolle C. alsdann ferner durch die Wechsel-Scheiben D. D. eingezogen. Den Trieb aber des Schöpff-Wercks verursachet der Umgang des Wellbaums N. welcher mit seinem Spindel-Rumpffen O. das Stirn-Rad F. ergreiffet/welches hernach mit seinem Kam den Kumpffen G. ebenmässig fasset / denselbigen noch weiter mit dem Stirn-Rad R. herum führet/ wie dann nicht weniger letzlich/ des Wellbaums H. Spindel-Rumpff S. ergreiffen/ und ferner umgetrieben/ und das Wasser aus den Geschirren K. K. bey T. in den Kasten V. ausgeleeret wird.

Die CXXXIX. Figur.
Ein Eymer-Werck mit einem Trett-Rad.

Durch dieses Werck kan zwar das Wasser aus einer Tieffen in ziemlicher Menge/ durch angehängte Eymer oder Kübel in die Höhe gebracht werden/ ist aber in etwas mühesam/ insonderheit wann man das Wasser gar hoch herauf bringen solle/und wird dieses Werck einzig und allein mit einem Trett-Rad A. so durch eine Person nach Beschaffenheit der Sachen regieret/ in deme an den Wellbaum B. ein andere eckichte Waltze C. zum Heben der Eymer und Ausgiessen des Wassers angerichtet/ und das Wasser durch Ausleerung und Füllung der Eymer in die Höhe gebracht/alsdann ferner wohin man solches begehrt/geleitet wird.

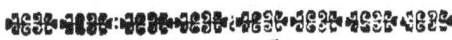

Die CXL. Figur.
Ein Druck-Werck.

Dieses Druck-Werck kan durch eine Person guberniret werden/ nemlichen/ wann man einen beweglichen Balcken B. mit einem Schieb-Arm A. anrichtet / also durch das hin und wieder Treiben/die Stiefel-Stan-

gen C. C. auf und abführet/ damit das Wasser aus dem Stieffeln F. F. durch die Röhren E. E. an begehrtes Ort treibet/ zur Beyhülffe und leichtern Bewegung kan bey A. ein Sail angemacht/über die Rolle G. gezogen/ und das Gewicht D. angehänget werden.

Die CXLI. Figur.
Ein vierfaches Druck-Werck mit einem Trett Rad.

Dieses Druck-Werck hat ein grosses Trett-Rad / kan durch eine oder zwey Personen getrieben werden-an des Trett-Rads A. Wellbaum wird ein Stirn-Rad B. befestiget/ und greiffet dasselbe mit seiner Stirn oder Kam in den Spindel-Rumpffe C. welcher eine gekröpffte Achse D. hat ; So nun dieselbige umgetrieben wird/ ziehet sie die Schieb-Stange E. auf und ab/ welche hernach den beweglichen Zwerch-Baum F. mit seinen Stiefel-Stangen beweget/ damit das Wasser in die Stiefeln G. herauf bringt/ und durch H. übersich in I. drucket/ solches letzlichen in den Kasten K. ausgiesset/ von dannen solches ferner/ wohin man es haben will/ geleitet werden könne.

Die CXLII. Figur.
Ein zweyfaches Druck-Werck mit einem Trett-Rad.

Gegenwärtiges Druck-Werck ist dem vorigen fast gleich/ wird auch durch ein Trett-Rad A. getrieben/an dessen Wellbaum N. macht man ein Kam-oder Stirn-Rad B. welches mit seinem Kam den Spindel-Rumpff C.fasset/ und solchen mit Gewalt herum führet ; An gedachten Rumpffs Wellbaum macht man ferner ein starck gekröpfftes Eisen/ D. welches mit seinem Umlauff/ durch Hülff der Schieb-Stange E. den beweglichen Zwerch-Arm F. mit den Stiefel-Stangen G. G. auf- und abschiebet/ also das Wasser in den Stieffeln H. H. herauf ziehet durch L in K. und L. hinauf treibet/ solches letzlichen in den Kasten M. ausgiesset.

E ij

Die

Die CXLIII. Figur.
Ein doppeltes Druck-Werck mit einem Gewicht.

Dieses Druck-Werck / wird durch Hülff eines angehängten Gewichtes A. getrieben / auch solle man die Waltze / worauf das Sail sich windet mit einem Sperr-Rad aufziehen können / so in der Figur nicht angedeutet worden / an diese Waltze B. wird ein gekerbtes Rad C. befestiget / welches mit seinen Zähnen in die Kerben des Kumpffs D. eingreiffet / und solchen herum führet / an des gekerbten Kumpffs D. Wellbaum F. wird ein gekröpffter Arm oder starckes Eisen gemacht / welches eine wegliche Schieb-Stange haben solle / mit welcher die Stieffel-Stangen G.G. auf-und abgezogen werden / das Wasser in den Stieffeln H.H. durch I.I. über sich in K. also ferner in den Kasten L. heben oder drucken mögen.

Nota. Bey E.E. ꝛc. seynd vier Schwung-Arme an den Wellbaum F. befestigt und angemacht / wäre aber besser / so derer nur drey / wie oben zum öfftern erwähnet worden / wolte man aber an dessen statt auch ein Schwung-Rad machen / stehet es dem geübten Künstler frey / und geschiehet dieses / daß das Druck-Werck desto leichter gehen möge.

Die CXLIV. Figur.
Ein vierfaches Druck-Werck mit einem Gewicht.

Dieses vierfache Druck-Werck / ist von dem vorigen wenig unterscheiden / nur daß es anstatt der Schwung-Arme ein Schwung-Rad hat / und ziehet das Gewicht A. den Wellbaum oder vielmehr die Sail-Waltze mit seinem Kam-Rad B. herum / welches dann ferner in den Spindel-Kumpffe C. eingreiffet / damit durch leichte Hülffe des Schwung-Rads F. den gekröpfften Arm D. herum führet / und mit seiner Schieb-Stange den beweglichen Zwerch-Balcken E.E.E. mit den Stieffel-Stangen auf-und abziehet / damit das Wasser in den Stieffeln H.I.K.L. durch N.N. über sich in P. und ferner bey M. in den obern Kasten austreibet.

Die CXLV. Figur.
Ein vierfaches Druck-Werck.

Dieses Druck-Werck hat ein grosses Wasser-Rad A. und füllet das Wasser B. auf dasselbige / der Wellbaum C. des Rads A. soll ein gekröpfftes starckes Eisen haben / welches mit seiner Kröpffung / den beweglichen Zwerch-Balcken G.G. mit seinen Pompen / oder Stieffel-Stangen / auf-und abgehet / damit das Wasser durch die Röhre H. I. und K. fort drucket / und dasselbige an begehrten Ort ausführet; Auf der andern Seiten kan ebenmäßig ein anderer gekröpffter Arm an den Wellbaum des grossen Wasser-Rads befestiget / und mit solcher Kröpffung die beyde Druck-Stangen in den Stieffeln L. und M. auf-und abgezogen / auch das Wasser / so man nohtwendig wegen des Wasser-Rads Trieb / haben muß / von unten hinauf durch N. in B. treiben und fallen lassen kan.

Nota. Mit diesem Werck vermeinet der Inventor das herabfallende Wasser allezeit wiederum hinauf zuheben / und also dardurch eine langwährende Bewegung zu wegen zu bringen / wo man Wasser gnug hat / möchte solches wol angehen / die Warheit wird sich im Werck finden. sap. sat. dict.

Die CXLVI. Figur.
Ein Blaß-Werck mit einem Schwung-Rad.

Gegenwärtiges Blaß-Werck / kan insonderheit bey einem Garten / oder andern Ort / wo man gerne nur eine Zeit lang ein Spring-Bronnen haben wolte / angerichtet werden / ist solches nur zum Behelff / wo man keinen Wasser-Trieb oder andern Fall haben kan / inventiret worden / kan durch eine Person / so durch Hülff eines Schwung-Rads B. mit der Kurb A. leichtlich umgetrieben und regieret werden / und hat gedachtes Schwung-Rad B. einen gekröpfften Arm C. mit dessen Schieb-Arm D. der wegliche Zwerch-Balcke F. auf-und abgezogen / an dessen beyden Armen G.G. werden Stricke H.H. angemacht / welche die

die Blaß-Bälge LL. auf- und abziehen/ dardurch den Lufft N. in den Kasten K. also das Wasser/ durch Gewalt des Luffts/ durch die Röhren MM. über sich steigend/ und in L. ausspringend machen.

Die CXLVII. Figur.
Ein Blaß-Werck mit einem Gewicht.

Dieses Blaß-Werck wird durch ein grosses Gewicht A. getrieben/ dessen Sail-Waltze B. man mit einem Sperr-Rad/ wie bey den Uhren gebräuchlich/ aufziehen könne/ welches in der Figur nicht angedeutet worden/ und hat die Sail-Waltze auf der einen Seiten/ eine gezahnte Scheibe/ welche in den Spindel-Kumpff oder Trillis D. des Wellbaums Q. eingreiffet/ solchen durch Anziehung des Gewichts samt dem gekröpfften Arm E. herum führet/ damit also die Schieb-Stange F. hin- und her schiebet/ welche dann mit dem beweglichen Arm G. und I. die Blaß-Bälge L. M. so an H.K. angehänget/ auf- und abziehet/ dardurch der Lufft in den Kasten N. und also das Wasser aus demselbigen durch die Röhre P. O. über sich ausspritzend getrieben wird.

Nota. An den Wellbaum Q. wird ferner ein Horizontal liegendes Schwung-Rad K. angerichtet/ an dessen Umlauff K. sollen/ nach obiger vielfältigen Erinnerung/ nur drey/ und nicht vier Gewicht-Steine S. angehänget werden/ damit das Werck desto geschwinder und leichter gehen möge/ wie dann nicht allein in diesem/ sondern auch den andern Wercken die Ubung und Erfahrenheit/ die beste Meisterin seyn/ und fernere Anleitung geben wird.

Die CXLIIX. Figur.
Ein Schöpff-Werck mit Kästen und einer Schnecken.

Gegenwärtiges Schöpff-Werck dienet das Wasser von einem Ort/ zu dem andern übersich zuheben/ und solches an drey unterschiedliche Oerter auszuführen/ die Anrichtung aber dieses Wercks geschiehet/ waß

man ein grosses Tret-Rad A. verfertigt/ an dessen Wellbaum B. ein Kam-Rad C. so auf der Seiten gezahnet/ befestiget/ wann nun dasselbe umgetrieben wird/ greiffet solches mit seinem Kam in den Spindel-Kumpffen D. treibet solchen mit dem Horizontal-Rad E. noch weiter herum/ dessen Wellbaum noch ferner einen Spindel-Kumpff K. haben solle/ welcher das Rad L. mit dem Wellbaum M. herum führet/ die Wasser-Kästen bey N. in den Schauffel-Kumpff ausleeret/ sich hernach ferner durch dessen hohlen Wellbaum O. ausgiesset.

Das Rad E. aber greiffet gleichmässig mit seinem gezahnten Umlauff in den Spindel-Kumpff F. des Schneckens G. und treibet solchen herum/ damit sich das Wasser darein hinauf winde/ und in H. ausgiessen könne.

Weiter ist auf der andern Seiten des Tret-Rads A. seinem Wellbaum ein Schauffel-Kumpff befestiget/ zwischen dessen Schauffeln sich die Kästen herauf winden/ und bey P. ausgiessen.

Die CXLIX. Figur.
Ein sechsfaches Schnecken-Werck mit vier Pomppen.

Diese Wasser-Kunst ist mühesam/ kostbar/ und gehet ziemlich hart/ hat unten vier Pomppen/ welche durch den Umtrieb des aufrechten Wellbaums A. so durch Thier getrieben werden kan/ mit Hülff des Horizontal liegenden Rads C. den Wellbaum B. regieren/ und die Pomppen-Stangen auf- und abheben/ mit den gezahnten Rädern E. die aufrechte Wellbäume G.G. auf beyden Seiten mit ihren Horizontal-Rädern I.K. herum führen/ welche Räder alsdann ferner/ in die Spindel-Kümpffe der Schnecken eingreiffen/ das Wasser von einem Kasten in den andern heben/ und mahlen/ dessen weitere Umstände aus der Figur mit mehrern zusehen/ auch durch vorhergehende Erklärung solcher Wercke der Künstler ohne weitern Bericht gnugsam verstehen/ und solches ins Werck zusetzen wissen wird.

E iij

Die

Die CL. Figur.
Eine Wirbel- oder Schnecken-Kunst.

Iese Wirbel-Kunst ist nicht so leichlich/ nach Ansehung der Figur/ als man vermeinen möchte/ anzuordnen/ und weiset dieselbige gantz klärlich an/ daß der Inventor oder Erfinder dieses Wercks eine immerwährende Bewegung oder perpetuum mobile, damit gesuchet/ dasselbige aber schwerlich ins Werck gerichtet/ und zuwegen gebracht haben wird/ welches wir ohne Nachtheil dem Erfinder zu Ehren/ an seinem Ort dahin gestellet seyn lassen wollen/ erachten auch für unnöthig die proportion und Austheilung des Rads mit den Kugeln hierinnen zubeschreiben/ weilen wir gesinnet (geliebts Gott) ins künfftig einen eigenen Tractat/ de perpetuo mobili heraus zugeben/ worinnen dann/ die eigentliche Beschaffenheit/ dieses und vieler andern dergleichen Dingen befindlich seyn wird/ dennoch der Kunstbegierige bis dahin unterdessen sich gedulten/ wir hiemit freundlich gebetten haben wollen.

Die CLI. Figur.
Eine Wirbel- oder Schnecken-Kunst mit Schleiff-Rädern.

Ieser Kunst Invention zielet ebenmässig auf ein immerwährende Bewegung/ in deme der Erfinder/ das Wasser aus dem Kasten A. durch B. auf das Wasser-Rad C. lauffen läst/ an dessen Wellbaum eine Schraube ohne End D. angeordnet/ durch dero Hülff das Schrauben-Rad E. mit seinem Wellbaum das daran befestigte Rad F. ergreiffet/ welches ferner mit seinem Eingriff/ in die Spindeln den Kumpff G. fasset/ damit dessen Wellbaum H. herum treibe / da dann der obere Spindel-Kumpff I. das Kam-Rad L. mit seinem Selten-Kam und Wellbaum M. ebenmässig umgebend machet/ da dann letzlich das Kam-Rad R. mit seinem Kam/ den Spindel-Kumpff H. des Schneckens fasset/ den Schnecken herum führet/ und das Wasser/ so zuvor bey B. herab gefallen/ wiederum durch Q. hinauf führet; Damit man aber etwas nützliches mit dieser Invention oder Machina ausrichten möge/ hat der Inventor, ein paar Schleiff-Räder an den Wellbaum angeordnet.

Nota. Bey diesem Werck muß man ebenmässig wissen / ob man Wasser genug haben kan oder nicht/ wie oben bey dergleichen Inventionen Erinnerung geschehen/ welches einem jeden Werck-Meister ferner nachzudencken anheim gestellet wird.

Die CLII. Figur.
Eine doppelte Wirbel- und Schnecken-Kunst mit einem doppelten Druck-Werck.

Iese Machina weiset umständig/ daß der Erfinder derselben eben das jenige damit vermeinet / was in der vorhergehenden gemeldet worden. Damit man aber dieses Wercks in etwas Nachricht habe / so ist zuwissen/ daß man erstlich einen runden/ oder/ welches gleich gilt; gevierten Wasser-Kasten A. verfertiget/ damit/ wann derselbige mit Wasser angefüllet/ seinen Ablauff aus B. auf das grosse Wasser-Rad C. haben möge/ damit man nun allezeit so viel Wasser / als auf das Rad herab fallen solle/ hinauf treiben möge/ muß ein Schrauben-Rad H. an den aufrechten Wellbaum M. befestiget werden/ welches durch Umlauff des Wellbaums D. mit der Schraub ohne End umgetrieben wird/ zugleich das obere Horizontal-Rad L. mit sich herum führet/ welches mit seinem Kam in die beyde Schnecken-Kümpffe K.K. eingreiffet/ also das Wasser/ so viel man von nöthen hat/ (wie vor gedacht) durch I.I. hinauf treibet/ und bey B. wieder/ wie zuvor / herab auf das Wasser-Rad C. fallen lässet. Damit aber diese Machina einen sonderbaren Nutzen habe/ ist zu wissen/ daß man an den Wellbaum D. welcher einen starcken eisernen doppel gekröpfften Arm E. haben solle/ dessen doppelte Kröpffung die beyde Pomppen-Stössel in den Stiffeln F.F. auf- und abtreibet / darmit das Wasser durch G.G. in die Höhe treibe/ und in den Kasten N. ausschüttet/ von dannen solches ferners / an den gehörigen Ort geleitet werden könne.

Die

Die CLIII. Figur.
Eine nützliche Pomppe.

Weilen mit dieser Pomppe ziemlich viel Wasser aus einem tieffen Graben/ oder andern Gruben/ in die Höhe getrieben und ausgeführt werden kan/ haben wir dieselbige zum Beschluß/ wie solche Herr Schilt-Knecht in seinem Tractat von der Fortif. pag. 119. erkläret/ hiemit beyzufügen für nöthig erachtet/ und verhält sich derselben Anordnung nachfolgender Gestalt: A. ist die weitheste Pomppen-Röhre/ die auf dem Absatz oder Fuß B. fest gemacht/ welcher Fuß auf dem Stul E. in beyde Quer-Balcken F. eingefüget ist. In diesem holen Absatz B. stecket ein bewegliches holes Druck-Ventil/ mit M. bezeichnet/ wordurch im Niederlassen/ das Wasser übersich steiget/ da sich dann das darauf geheffte Ventil-Leder auf- und im Aufziehen der Stange N. wieder zu thut/ und das gefangene Wasser alsdann durch das nechste Ventil B. druckt. An diesem Ventil M. seynd zu unterst zween eiserne Arm mit Oesen angehefftet/ wie bey O. zu sehen/ welche Oesen beyde Stangen N. gefasset/ welche oben in der Waage L. hangen/ worinn der Schwengel P. gestecket/ der auf den Pfosten G. ruhet/ und also das Ventil M auf- und niedergedruckt werden kan: Da alsdann das Wasser durch die grosse Röhre A. auftwerts/ und ferner durch das Ventil /. Item durch die mittlere kürtzere Röhre C. und endlich durch die längere Röhre D. oben zum auslauffen in K. genöthiget wird.

Die CLIV. Figur.
Zwo treffliche Wasser-Sprützen in Feuers-Nöhten nützlich zu gebrauchen.

Die grosse Wasser-Sprützen A. so inwendig von Kupffer/ Mössing und Eisen gemacht/ ist auf eine Schlaiffen B. gerichtet/ daß man dieselbe in Nöhten alsbald anspannen/ fortführen/ und an seinen Ort/ gegen das Haus über/ so da brennet/ setzen kan; hält in sich an Wasser siebenzig Brunnen-Eymer/ hat zwene Kästen C. C. da man immer Wasser hinein schütten muß; Auf jeder Seiten ist eine lange Stange D. D. daran 10. 12. bis in 24. Personen ziehen können/ je mehr ihrer sind/ und je stärcker sie ziehen/ je stärcker und höher die Sprützen gehet/ und können 24. Mann das Wasser auf die 80. oder 100. Schuhin die Höhe bringen. Oben auf dem Kasten muß eine Manns-Person E. stehen/ und die Sprützen regieren/ und hin und wieder leiten/ sonderlich an den Ort/ wo es am nöhtigsten/ und das Feuer am stärcksten ist/ so wird es/ mit Gottes Hülff/ bald gedämpffet werden.

Die kleine Sprützen F. ist gantz von Kupffer/ Mössing und Eisen/ solche kan ein Mann in ein Hauß hintragen/ und von dar in das andere Hauß/ so da brennet/ auf die 50. Schuch hoch und weit sprützen/ wie bey G. zu sehen; doch müssen andere Leute immer Wasser zutragen/ und hinein füllen.

NB. Dergleichen Feuer-Sprützen ist zuvor nie gesehen worden/ dann sie der Kunstreiche Meister/ Hans Hautsch/ Circkel-Schmid und Bürger in Nürnberg/ selbst Anno 1658. erst erfunden und gemacht hat/ und seine Prob damit zuthun/ sich verobligirt/ bey welchem sie auch noch beede zu finden/ und zu sehen sind. Dann die Grosse besonders in grossen Städten/ ein treffliches/ hochnützliches und nöhtiges Werck ist.

Anhang und Beschluß
dieses
Buchs.

Günstiger Leser/ weilen in diesem Tractat vielerley Gattungen von Mühlen vorgestellet/ als ist vor gut angesehen/ die Mühl-Ordnung/ wie dieselbe vor vielen Jahren/ in dem Chur- und Fürstenthum zu Sachsen/ in den Mühlen/ an der Sala/ Lüppen/ Elster und Pleissen-Strom gelegen/ gehalten wird/ jedoch andern Herrschafften/ und Ländern deroselben Gebräuchen und Herkommen/ hiemit unvorgreifflich/ beygefüget/ und wird der Kunst-Liebende dieses alles/ mit Bescheidenheit wissen anzunehmen/ und nach Lands Art zugebrauchen.

Folget die Mühl-Ordnung.

Von GOttes Gnaden/ Wir Augustus/ Hertzog zu Sachsen/ des Heyl: Röm:

Reichs

Reichs Ertzmarschalck und Chur-Fürst/Land-
graff in Thüringen/ Marggraff zu Meissen/
und Burggraff zu Magdeburg/ bekennen und
thun kund/ hiermit vor Uns und alle unsere
Nachkommen/ am Stifft Merseburg/ Nachdem von wegen grosser beschwerlichen Unord-
nung/ so in den Mühlen an der Sahlen/ Lüp-
pen/ Elster und Pleissen-Strom gelegen/ der
übermässigen/ und wieder die/ nach Christi
unsers Erlösers und Seeligmachers Geburt/
im funffzehenhundert und fünff und zwantzigsten Jahre gehaltener gemeinen Mahl-Be-
sichtigung und Verordnung der erhöchten
Dämme/ Uberfälle/ und Auffschwellung des
Wassers/ und anderer mehr höchst nachtheiligen Beschwerung halber/ welche sich in und
ausserhalben/ angerechter Mühlen eine lange
Zeit anhero ereuget und erhalten/ Dardurch
dann nicht allein der gemeine Mann/ mit dem
nohtdürfftigen täglichen Mahlen/ wider die
Billigkeit/beschweret/sondern auch durch Auf-
schwellung des Wassers mercklicher Schaden/
Verderben und Nachtheil den angelegenen
Höltzern/ Wiesen und Aeckern/ zugefüget
wird/ rc. Vielfältige beschwerliche Klagen/
durch Unsere liebe Getreuen/ die vom Adel des
Stiffts Merseburg/neben andern Unsern Un-
terthanen/ so an der Atwen gesessen/ an Uns ge-
langet/und derotwegen um ernstes gebühliches
Einsehen/Besichtigung oben angeregter Müh-
len/ um endliche Abschaffung angesucht/ und
gebeten worden. Daß Wir darauf den vier-
ten Monats Tag Augusti verschienen Sieben
und Sechzigsten Jahrs der mindern Zahlen/
mit Beywohnung und Zuthun/ des Hochge-
bornen Fürstens/ Unsers freundlichen lieben
Oheims/ Herrn Joachim Friederich/ Marg-
grafen zu Brandenburg/ und Postulirten
Administratorn des Ertzstiffts Magdeburg rc.
S.Ld. Insonderheit hierzu Abgesandten Räh-
ten/durch Unser auch hiezu Verordnete und lieben Getreuen/neben unsern Rähten des Stifts
Merseburg/zusamt den geschwornen Müllern
des Ertzstiffts Magdeburg/und Fürstenthums
Anhalt/ desgleichen auch deren aus Unser
Stadt Leipzig/ und aus dem Stifft Merseburg rc. Zu aller Nothdurfft haben besichti-

gen/ und alsobald darauf die befundene Mängel und Gebrechen/ nach Ausweisen der darüber vollzogenen Registratur gäntzlichen haben
abschaffen/und rechtfertigen lassen. Und damit
nun hinfüro alle Unordnung und Unrichtigkeit
der Mühlen/ und alle die daraus entspriessen-
den hochnachtheiligen Schäden und Beschwe-
rungen/ gäntzlichen vermieden und verhütet.

Zu deme auch/ ob der gehaltenen gemeinen
nohtwendigen Besichtigung/samt dero darauf
erfolgeten Reformation und Rechtfertigung/
so viel mehr und steiffer gehalten werden möge;
So haben wir demnach/ weß sich hinfüro ein
jeder Mühl-Herr/ Müller und Mühl-Gast
endlichen zuverhalten haben soll/nachfolgende
Ordnung/ in sechs und zwantzig Articul ver-
fasset/ mit Zuthun der geschwornen Müller/
stellen und verfertigen lassen.

Zum Ersten.

Es soll kein Müller/Mühlherr/noch jeman-
des von ihrentwegen den Mahl- oder Wehr-
Pfal/auszuiehen/verrucken/noch einigen Falsch
daran üben/noch gebrauchen/welcher aber das
durch die geschworne Müller/ oder sonsten mit
Bestand überkommen und überwiesen/der solle
der Obrigkeit fünffhundert Gulden unnachlässiger Peen und Straffe verfallen seyn/ und des
Mühlhandwercks entsetzet werden.

Zum Andern.

Auch solle kein Müller oder Mühlherr/ deß
die Mühl eigen ist/ einen neuen Fachbaum le-
gen/ ohne Beyseyn und Zuthun der geschwornen Müller/und seiner Nachbarn/ so zu nechst
über und unter ihnen Mühlen haben/ und soll
alsdann solchen neuen Fachbaum/ über den
Mühl-Pfal mehr nicht/ denn ein einiger Zoll
zugegeben werden/ bey fünffhundert Gulden
unnachlässiger Peen und Straffe dem Lands-
Fürsten zuerlegen.

Zum Dritten.

Begebe es sich auch/ daß etwa eine Mühle
von neuem wieder zuerbauen vorgenommen
würde/ so soll der Müller oder Mühlherr
schuldig seyn/ sechs Schutz-Bretter vor dem
wüsten Gerinne zubauen/ oder mit solchem
neuen

neuen Grundbau / bey willkührlicher Straffe des Lands-Fürsten / keines weges zuverfahren / zugelassen werden.

Zum Vierdten.

Würde auch ein Müller / durch die geschwornen überfündig / daß er den gelegten neuen Fachbaum auf den Hacken / mit Keilen / oder andern verfälscht / und über den Mahl-Pfahl erhöhet / der solle drey hundert Gulden der Obrigkeit Straff verwirckt haben / und des Handwercks verweiset werden.

Zum Fünfften.

Wann auch in Legung eines neuen Fachbaums / die Hacken um viel oder wenig zu niedrig gemacht / so sollen solche Hacken nicht mit Leisten noch Brettern unter den Fachbaum erhöhet / sondern neue Hacken in rechter Höhe / gantz ohne allen Falsch / gemacht / und darauf der Fachbaum / ohne einige Unterlege / durch die geschwornen / in Beyseyn beyder nechsten angesessenen Müllern / bey itzt berührter drey hundert Gulden Straffe / und Verweisung des Müller-Handwercks rechtfertig geleget werden.

Zum Sechsten.

Und da ein Müller durch die Geschwornen / oder sonsten / glaubhafftig überfunden / daß er den Fachbaum / Laisten / oder etwas dergleichen aufgehestet / der solle gleicher Gestalt drey hundert Gulden Straffe verfallen / und des Handwercks gäntzlichen verlustiget und entsetzet seyn.

Zum Siebenden.

Begebe es sich auch / daß etwan ein Fachbaum gesuncken wäre / der solle ohne Beyseyn Erkantnus und Zuthun des Amts / darunter die Mühl gelegen / und der geschwornen Müller / bey Vermeidung jetzt berührter Straffe / nicht wiederum erhöhet / noch einiger Gestalt verändert werden.

Zum Achten.

Item. Würde jemands die Brette aus dem Gerinne überm Fachbaum vorgehen lassen /

und damit denselbigen erhöhen / der solle zum ersten / da er dessen durch die Geschwornen oder sonsten überfunden / der Obrigkeit / darunter die Mühle gelegen / ein hundert Gulden / unnachlässiger Peen und Straffe verfallen seyn. Da er aber zum andern mahl auf solcher That und Falschen begrieffen / solle er alsdann zwey hundert Gulden Straffe unnachlässig erlegen / und uf dem Handwerck weiter nicht gelitten werden.

Zum Neundten.

Welcher Müller das Wehr höher halten würde / dann der Mühl-Pfal ausweiset / und nach deme es neu beleget / mit Sande besüget / und ein mal das Wasser darüber gangen ist / derselbige soll um so viel Zoll es höher von den Geschwornen / in Besichtigung / befunden / so viel neue Schock zur Straffe verfallen seyn.

Desgleichen solle es mit den erhöchten Schutz-Brettern auch gehalten werden.

Zum Zehenden.

Es solle auch einem jeden Müller hiermit unverhinderlich zu jederzeit nachgelassen seyn / und frey stehen / wann er einen einigen Mangel spüret / seines Nachbarn Mühlen / über und unter ihme zubesichtigen / und da er einigen Mangel befindet / solle er bey seinen Eydspflichten schuldig seyn / alsbald den Geschwornen darvon Bericht zuthun / darauf dann die Geschwornen / vermittelst ihrer hierzu geleisten Eyde / solche Gebrechen besichtigen sollen / und so deren einer oder beyde / in einem oder mehr Artickel verbrochen / und dessen also überfunden / sollen sie zu oberzehlten Straffen durch die Obrigkeit angehalten / und darneben / durch den oder dieselbigen Verbrechene der Geschwornen jederzeit ihre Gebühr unabbrüchig vor voll eintrichtet werden.

Zum Eilfften.

Item / die Uberfälle am Wehre / uf der Elster und Pleissen / sollen zwey und dreissig Elen / und uf der Lüppen zwey und zwantzig Elen / weit und lang / und keine enger gehalten werden / und welcher den verengert oder einzeiget / der solle der Obrigkeit dreissig Gulden Straffe zu entrichten schuldig seyn.

Zum

Zum Eilfften.

Item/ die Uberfälle an Wehren uf der Elster und Pleissen/ sollen zwey und dreißig Elen/
und uf der Lüppen zwey und zwantzig Elen/
weit und lang/ und keine enger gehalten wer-
den/ und welcher den verengert oder ein zeucht/
der solle der Obrigkeit dreissig Gulden Straffe
zu entrichten schuldig seyn.

Zum Zwölfften.

Auch solle kein Schutz-Brett auf der Sahlen höher dann anderthalbe Elen/ und uf der
Elster/ Pleisse und Lüppen/ über fünff Viertel
einer Elen/ bey obbemeldter Straffe gehalten
werden.

Zum Dreyzehenden.

Zu deme soll kein Müller/ vor dem Gerin-
ne/ so auf die Rade/ und durchs wüste Gerinne gehen/ mehr dann zwey Schutz-Brett/ bey
willkührlicher Straffe der Obrigkeit oder
Amt daselbst/ im Vorrath haben.

Zum Vierzehenden.

Welcher Müller nicht zumahlen hat/ der
solle zu jeder Zeit uf der Sahlen vier Schutz-
Brett/ und uf der Elster/ Pleisse und Lüppen
zwey offen stehen haben. Und so er darüber
überfunden/ es geschehe zu Tag oder Nacht/
und dessen von seinem nechsten Nachbarn/über
oder unter ihme/ mit zweyen Männern über-
zeuget werden möchte/ der solle der Obrigkeit
oder Amt/darunter er gesessen/ vier neue Schock
zur Straffe/und dem Müller der ihme solches
überweiset/ zwey neue Schock zu geben schuldig
seyn/damit keiner dem andern zu Verdrieß das
Wasser muthwillig aufhalte.

Zum Funffzehenden.

Es solle kein Müller/ in grossen oder hoch-
wachsenden Wassern/ und bevorab in Sommer-
Wassern/ einigem Stramb-Korb ein legen/
viel weniger auf die Stram-Körbe Schutz-
Brette aufsetzen/ oder Dielen aufwerffen/ und
dardurch das Wasser in die Wiesen- oder Höltzer ausschwellen/ uf welches alles dann auch
eines jeden Müllers Obrigkeit/ und die anstos-
sende Benachbarten gute Aufachtung geben sol-
len/ welcher aber darüber muthwillig und unge-

horsam befunden/ der solle dreissig Gulden unnachlässiger Straffe verfallen seyn.

Die Stramb-Körbe aber unter dem wü-
sten Gerinne sollen hiemit zugelassen/ und nicht
gemeinet seyn.

Zum Sechszehenden.

Wann sich auch grosse Wasser-Fluhten be-
geben/ und bevorab in wachsenden Sommer-
Wassern/ soll ein jeder Müller vier Schutz-
Brett/ und im Fall der Noth alle sechs aufzuziehen schuldig seyn/ und auf die obberührten
vier/ bey Vermeydung jetzt berührter dreissig
Gulden Straff nichts aufsetzen.

Zum Siebenzehenden.

Die Leuffte in einer jeden Mühlen/ sollen
weiter nicht/ dann zweyer Zoll weit vom Stein
gehalten und gebraucht werden/ bey Straffe
dreissig Gulden.

Zum Achtzehenden.

So offt auch ein Stein behauen/ solle der
Müller schuldig seyn/ denselbigen anfangs mit
Steinmeel; oder sonsten/ wie gebräuchlich und
herbracht/ zubeschütten/ und ehe solches gesche-
hen/ sonsten kein Getraid/ zu nachtheiligen
Schaden der Mühl-Gäste darauf mahlen.

Zum Neunzehenden.

Es soll kein Müller dem andern seine Mühl-
Gäste abspennig machen/ noch einiger Weise
abpracticiren/ bey Straff zehen Gulden/ so
offt jemand hierinnen brüchig befunden.

Zum Zwantzigsten.

Die Mühl-Gäste sollen das Getraide an
rechtem unverfälschten Land üblichen und beweglichen Korn-Maß/ in die Mühlen brin-
gen/ und solle ihnen hierinnen/ bey willkührlicher Straffe der Obrigkeit/ oder Amts/ keiner Ubervortheilung/ noch Betrug zusuchen/
verstattet werden.

Zum ein und zwantzigsten.

Die Netzen in den Mühlen auf der Sah-
len/Lüppen/Pleissen und Elster-Strom sollen
durchaus an Weite/und Grösse/ wie mit Ge-
mercken/ gezeichnet/ und vor Alters verordnet
und herbracht/gantz gleichmässig/und anders
nicht/

nicht/ bey Vermeydung funffzig Rheinischer Gülden/ unablässiger Peen und Straff/ gebraucht und gehalten werden.

Zum zwey und zwantzigsten.

Nach dem auch vor Alters im Brauch gehalten/ und also herbracht worden/ daß ein jeder Müller/ von einem jeden Schöffel zwo Metzen vor seine Gebührnis genommen/ so solle es auch nachmals also darbey bleiben/und hierüber mehr nicht von einem Schöffel/ von dem Müller gemetzt und genommen/ und darüber niemands mit Abforderung Mahlgelds/ oder sonsten einiger Gestalt beschweret werden/ bey zehen Gulden unnachläßiger Straffe/ die offt und viel der Müller vor sich oder die Seinen/ dessen überwiesen worden/ zuerlegen.

Zum drey und zwantzigsten.

Und solle ein jeder Müller schuldig seyn/ seine Mühl-Gäste/ nach rechter Ordnung/ wie die zumahlen/ zubefördern/ und keinen/ um Gelübnis oder Gunst willen/ dem andern vorziehen/ Es geschehe dann mit des Mühl-Gasts/ welchen die Ordnung des Mahlens betroffen/ guten Willen und Nachlassung.

Zum vier und zwantzigsten.

Begebe sichs auch/ daß etwa ein Müller oder Mühl-Herr einen Grundbau an seine Mühl machen würde/ und das Wasser in andere wegen nicht ausschlagen könte/ uff dem Fall soll der Müller über und unter ihm gesessen/ vier Wochen lang/ mit dem Mahlen/ altem Herkommen und Gebrauch nach/ innen zu halten schuldig seyn.

Zum fünff und zwantzigsten.

Weil auch die Fischer in die Ströme pflegen Fach zuschlagen/und vor Alters herbracht/ die uff den Tag Johannis Baptistæ, hin und wieder auszuheben/ so sollen demnach die Müller alle sämetlich/ und ein jeder insonderheit/ schuldig und verpflicht seyn/ darauf gute Achtung zugeben/und welcher Fischer uff bestimten Tag Johannis solche Fach nicht auffhebe/ der solle dem Ampt/ darunter er gesessen/ zwey neue Schock verfallen seyn.

Zum sechs und zwantzigsten.

Und damit man diese Ordnung/ wie obberührt/ in allen Puncten und Articuln fest/ und unverbrüchlich gehalten/ und derer allenthalben gebührlichen gehorsamet nachgesetzt und gelebet werde/ so sollen demnach/ die geschwornen Müller/ des Stiffts Merseburg/ vermittelst ihrer geleisteten Eydes-Pflicht/ schuldig und pflichtig seyn/ hinfüro jedes Jahrs zu zwey mahlen/ nemlichen zu Sommers-und Winters-Zeiten/ alle und jede Mühlen/ des Stiffts Merseburg an der Sahlen/ Lüppen und Elster-Strömen gelegen/ ingleichen auch die an der Pleissen/ so viel deren verschienes sieben und sechzigsten Jahrs auf unsern vorhergehenden Befehl/nach Ausweisung der darüber gemachten Registratur und Verzeichnis/besichtiget und reformiret worden/ mit allem Fleiß/ an Mahl/ Wehr-Pfählen/ Fach-Bäumen/ Wehren/ Dämmen/ Uberfällen/ Gerinnen/ Schutz-Brettern/ Leufften und andern in-und ausserhalb der Mühlen/ allenthalben nohtdürfftiglichen zubesichtigen/ und da einer oder mehr Mängel und Gebrechen/ woran der sey/ und wie die Namen haben möchten/ befunden würde/ denen oder dieselbigen ihrer geleisteten Eydspflichten nach/ anhero unserer Verordneten Regierung/ zu Merseburg/ unseumlich zuberichten/ darmit das Unrechte abgeschafft/und die muthwillige Verbrecher/ andern zu Abscheu/ zu verwirkter einverleibter Peen und Straff/im Ernst gebührlichen und unabläßig angehalten werden mögen.

Und soll demnach zu Erhaltung und Fortsetzung dieser Ordnung ein jeder Müller im Stifft Merseburg/ an der Sahlen/ Lüppen und Elster/ dergleichen auch an der Pleissen/ wie obberührt/ schuldig und pflichtig seyn/ hinfüro Jährlich auf den Tag Michaelis einen Gulden in das Ampt/ darunter die Mühl gelegen/ bey schleuniger Ampt-Pfendung zu geben und zu erlegen/ darvon die geschwornen Müller ihrer Mühe/ Arbeit/ und nohtdürfftiger Aufwendung und Zehrung/ der Jährlichen zweyen Besichtigungen halben/ gebührlich besoldet/ und ergetzet werden sollen.

Begeh,

Begehren / befehlen und wollen demnach hiermit ernstlichen / daß ein jeder Mühl-Herr/ Müller und Mühl-Gast sich dieser unser Verordnung in aller massen hierinnen allenthalben verleibet / und anders nicht / dann bey Vermeidung unserer schweren Ungnaden und deren darinnen ausgedruckter unnachlässiger Peen und Straffen/ alles unterthänigen schuldigen Gehorsams endlichen verhalten.

Hieran geschiehet unser ernstlicher Will und Meinung / darnach sich ein jeder zurichten; Deß zu Uhrkund haben wir Unser Secret wissentlich hieran drucken lassen. Geben Merseburg den drey und Zwantzigsten Monats-Tag Novembris/ nach Christi unsers Erlösers und Seeligmachers Geburt/ im tausend fünffhundert und acht und sechzigsten Jahre.

Ende der Mühl-Ordnung.

Beschliessen also hiemit (im Namen GOttes) diß Buch/ so bey ein und andern verständigen Künstlern solches angenehm und nützlich / auch mit teutschen aufrechten Gemüth und Judicio auf- und angenommen werden möchte / würde solches Ursach und Gelegenheit an die Hand geben/ von andern nützlichen Mechanischen Wercken / etwas bessers aufzusetzen/ und so viel immer müglich/ aufs deutlichste an den Tag kommen zulassen/ und zuerklären. Unterdessen den günstig geneigten Leser allerseits Göttlicher Obhut empfehlende und recommendirent.

E N D E.

Balth. Seba f.

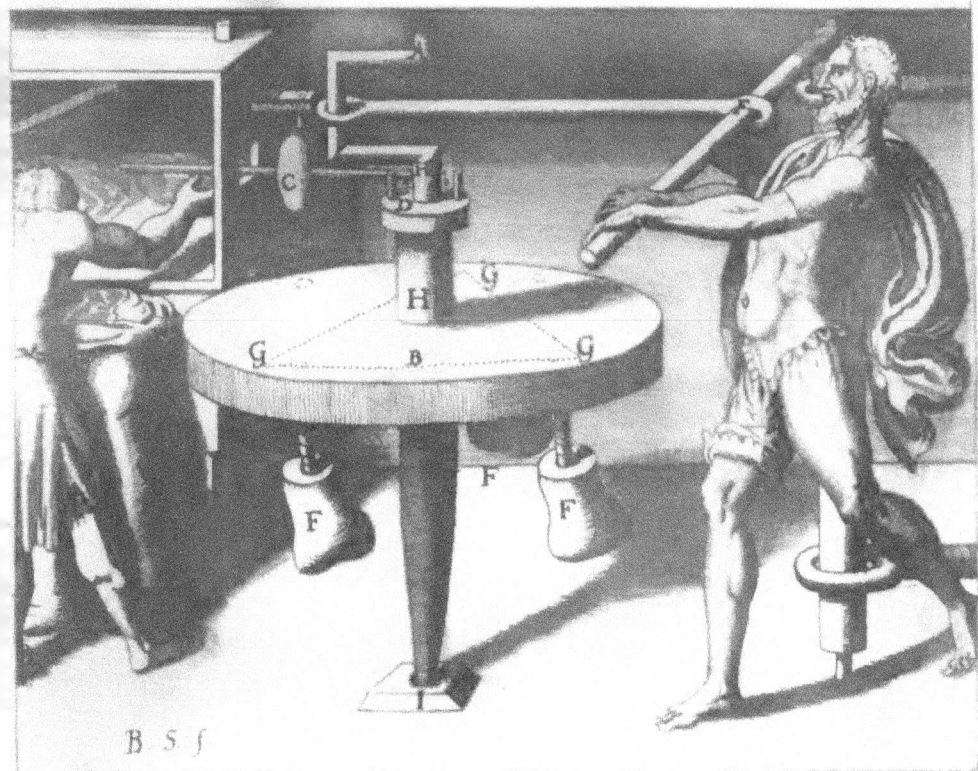

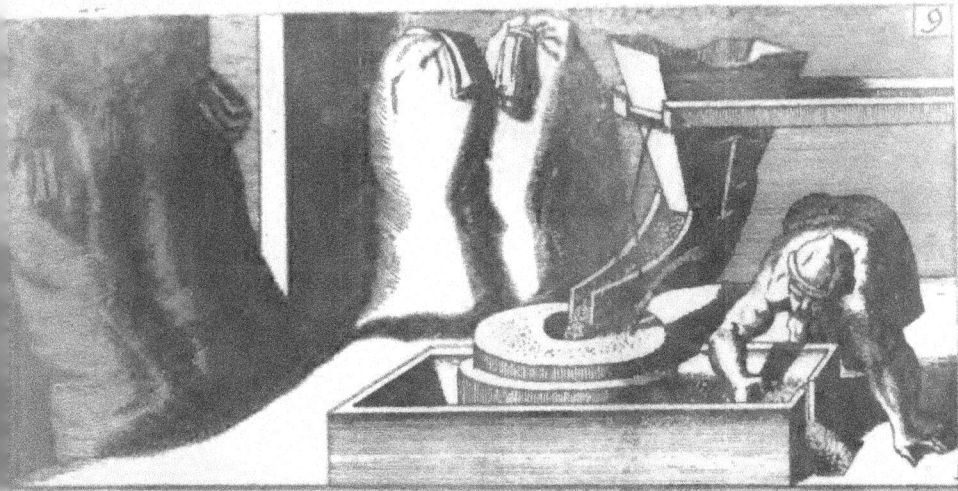

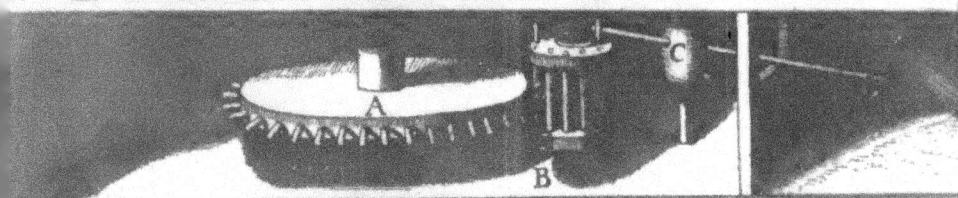

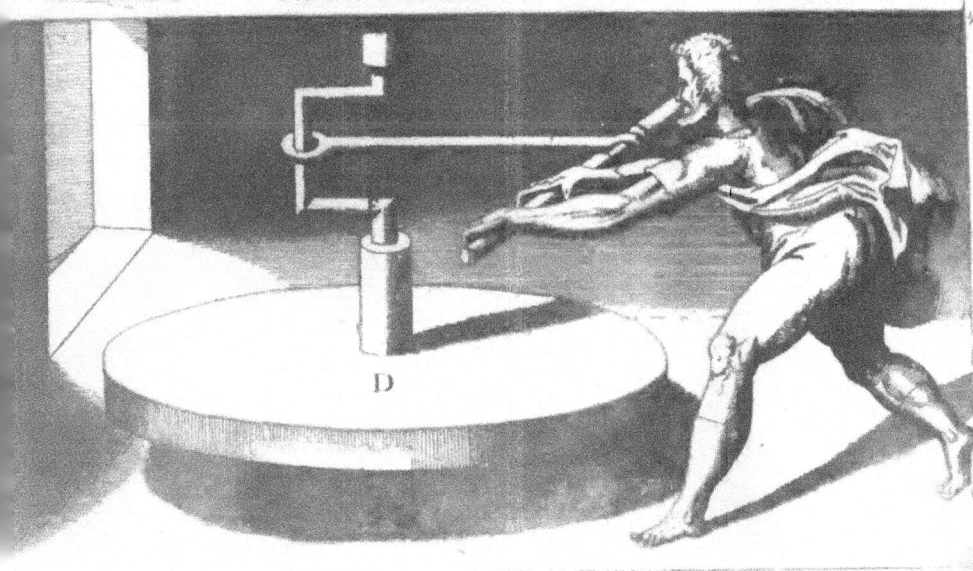

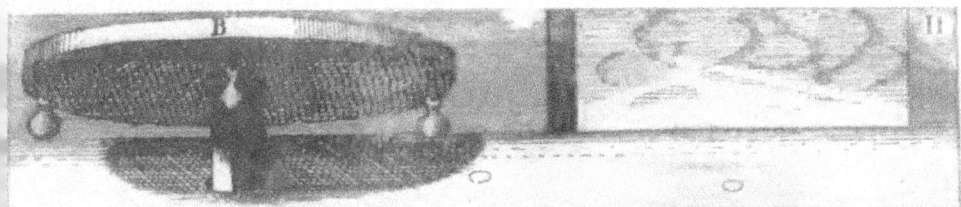

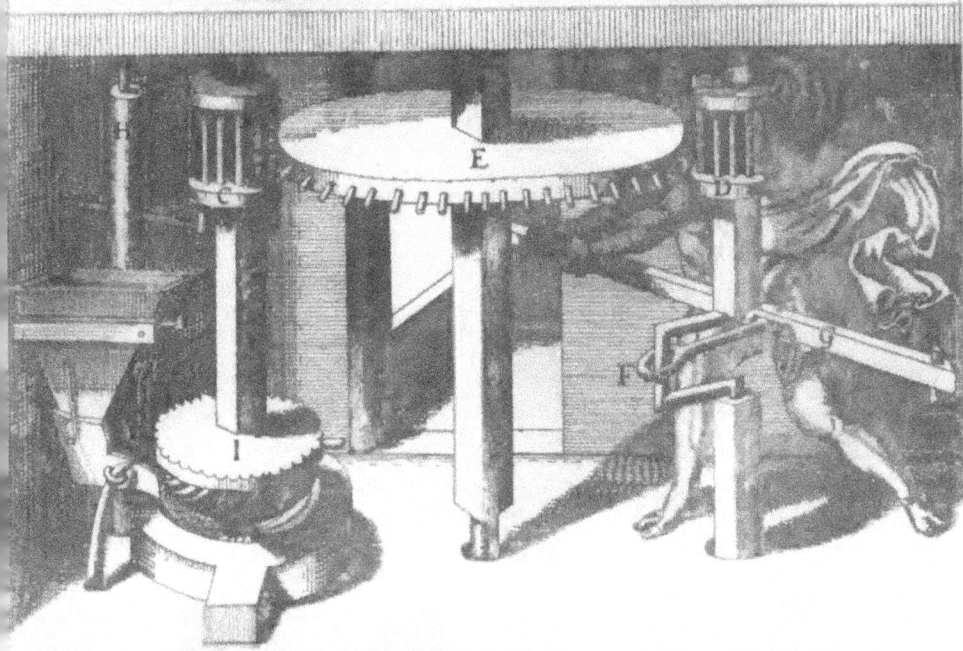

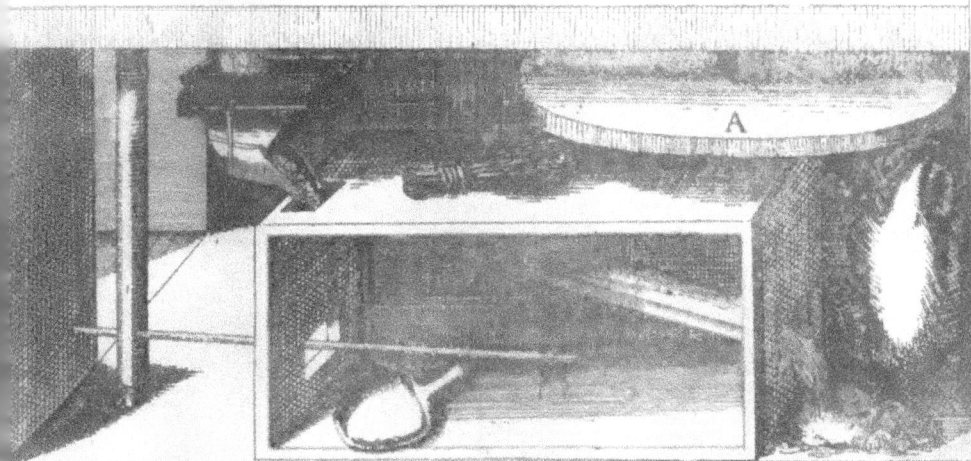

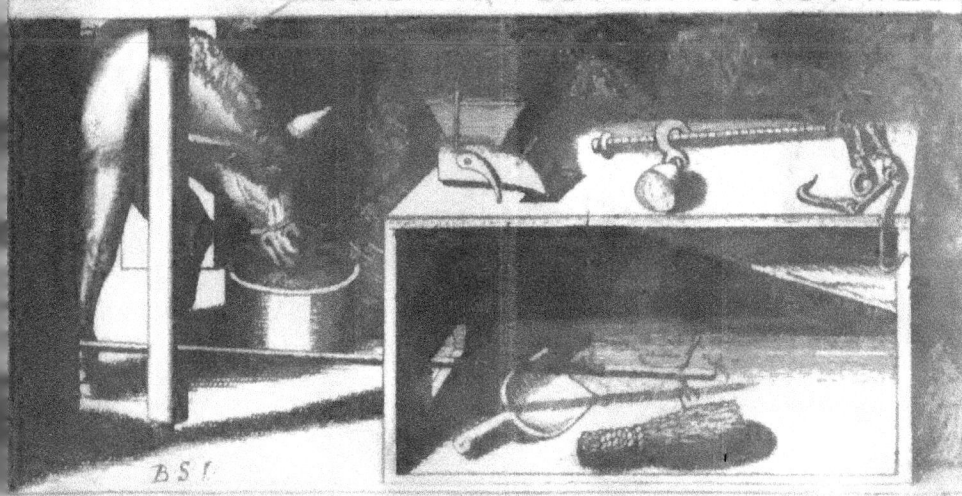

A

C

E

G

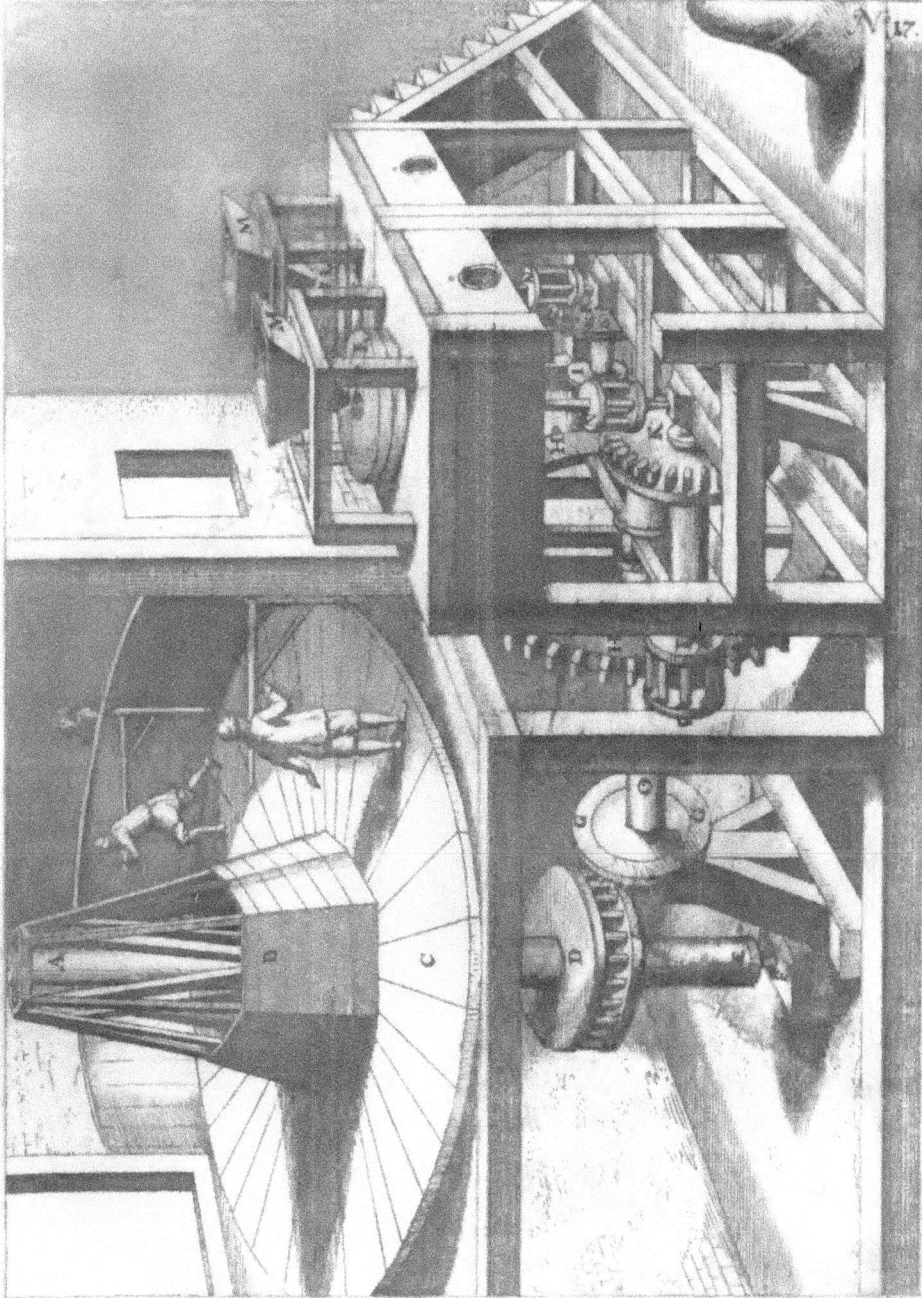

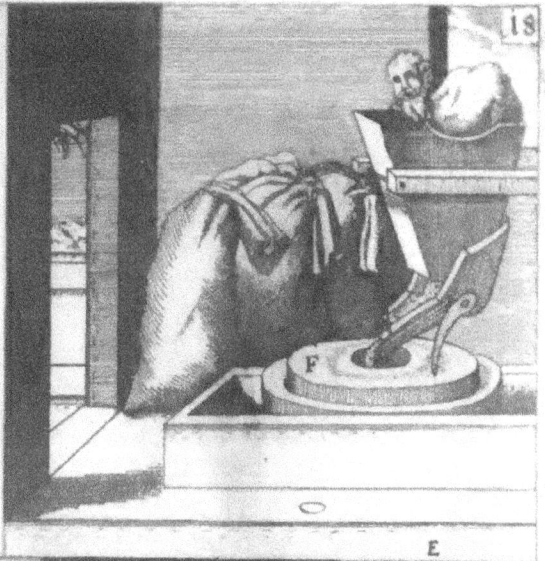

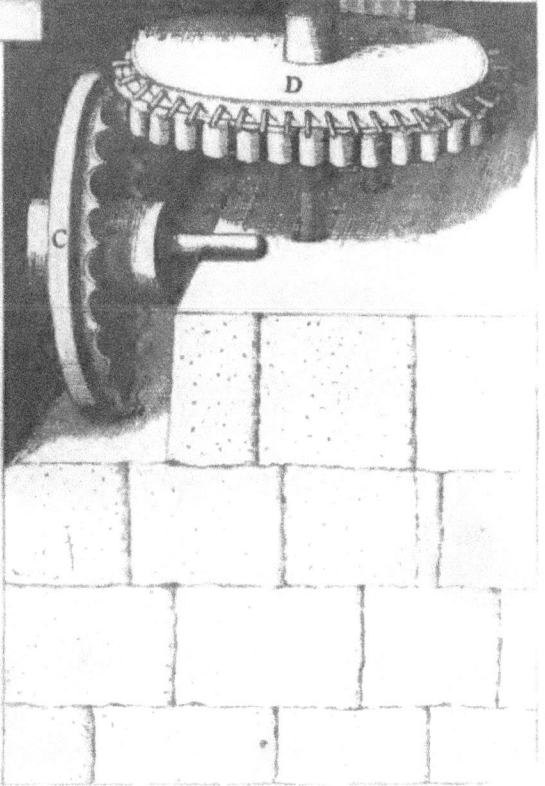

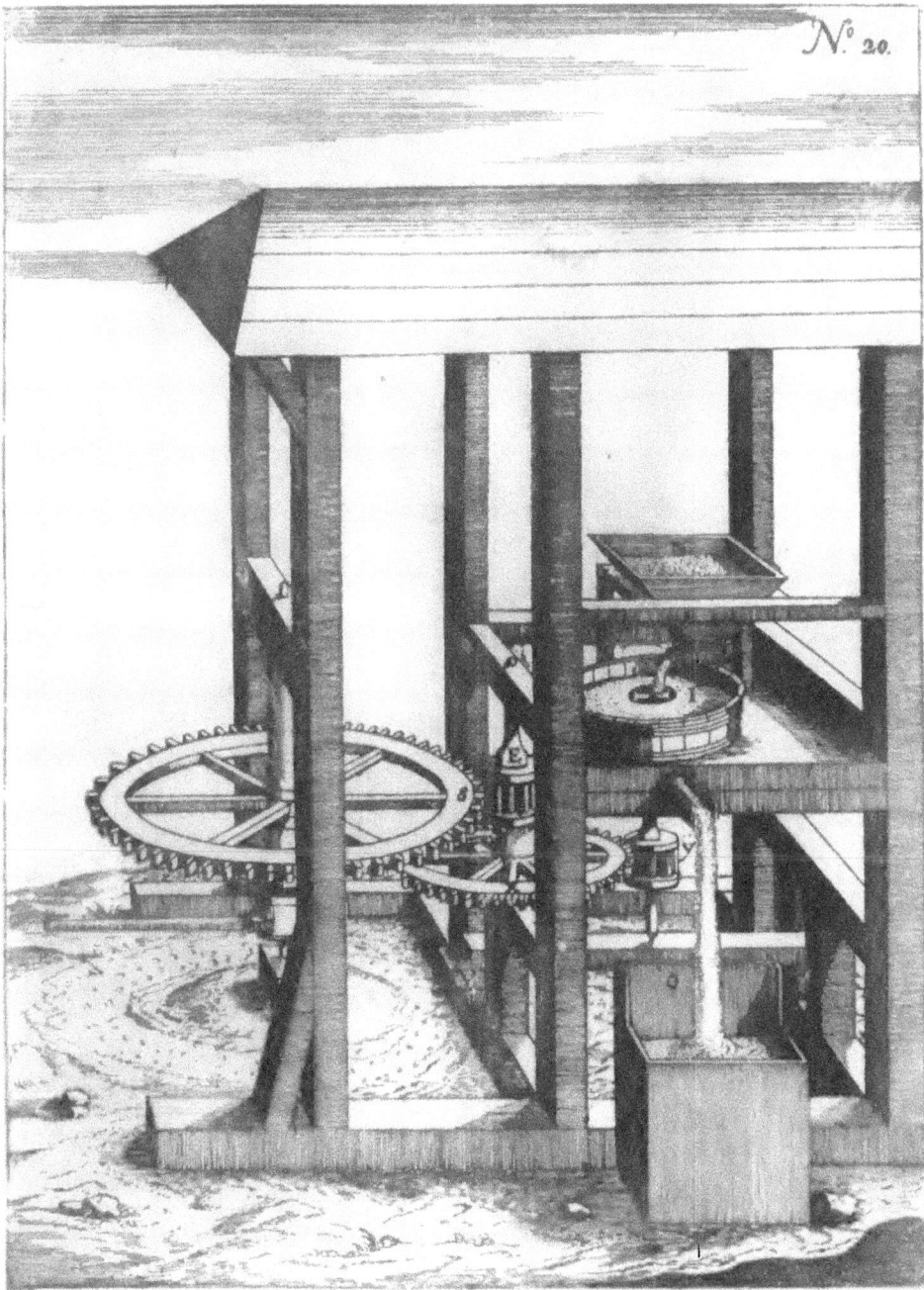

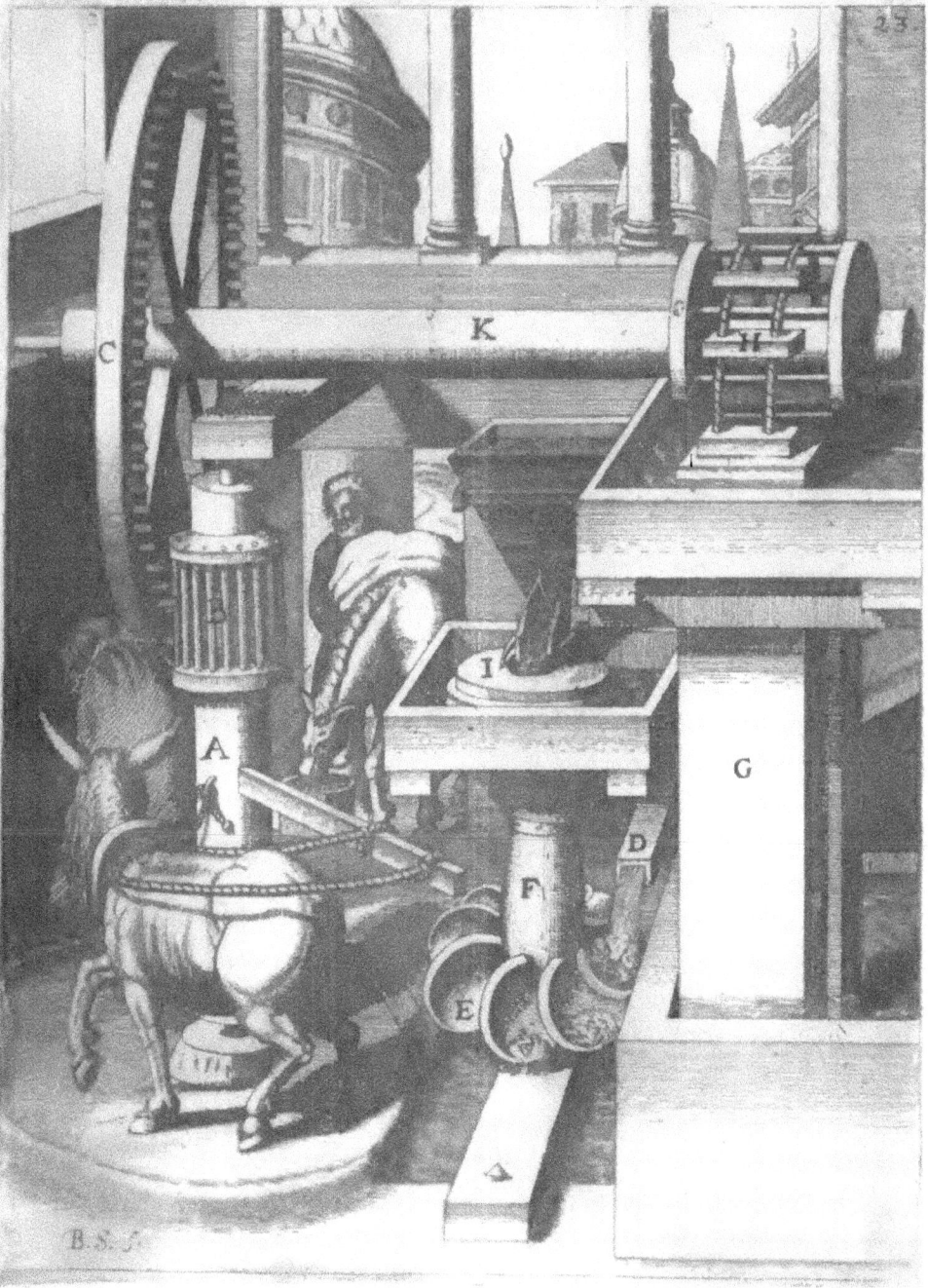

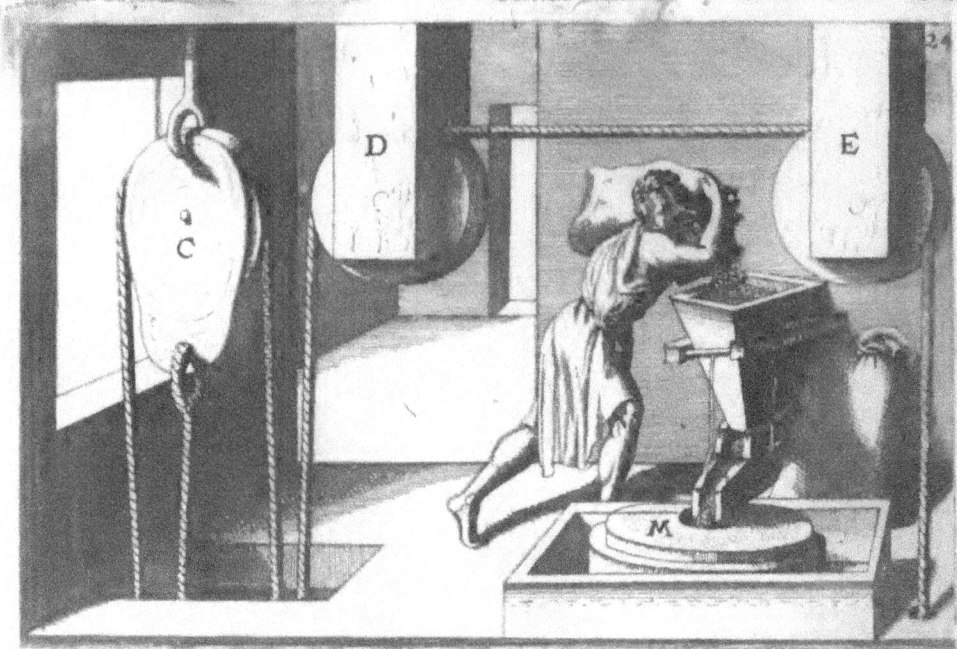

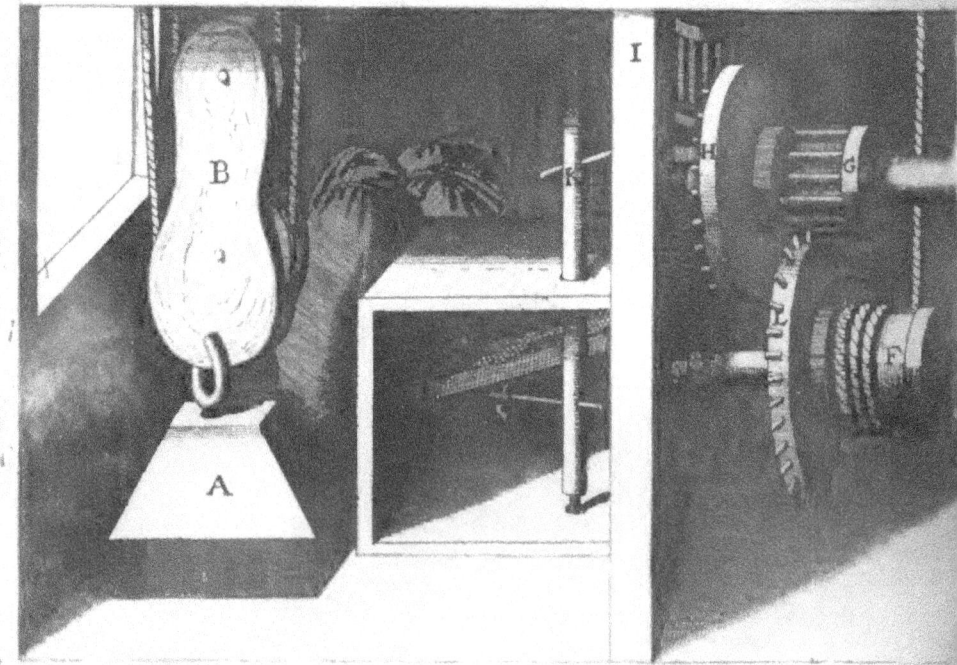

A

D

O

E

H

B

D

C

F

E

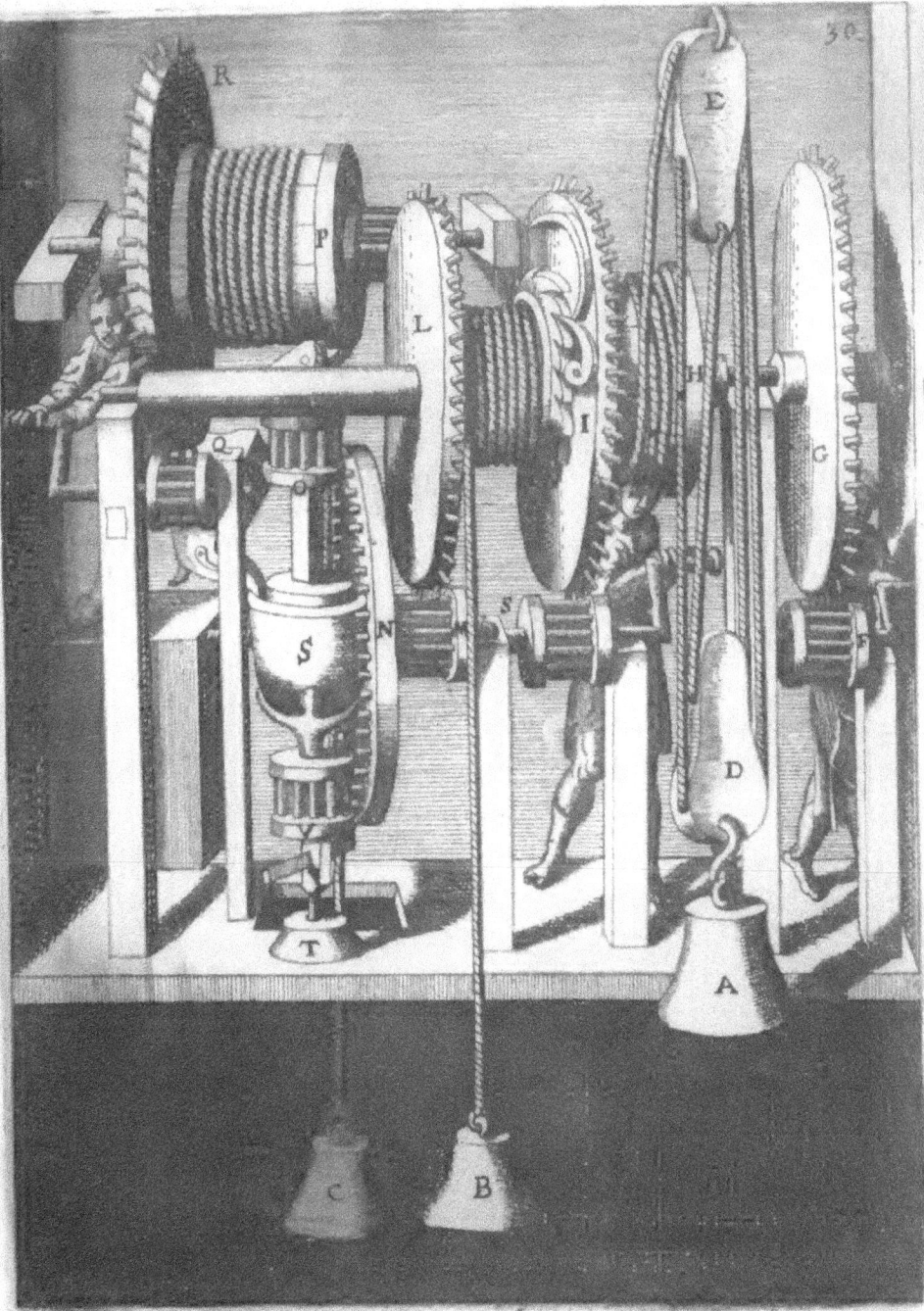

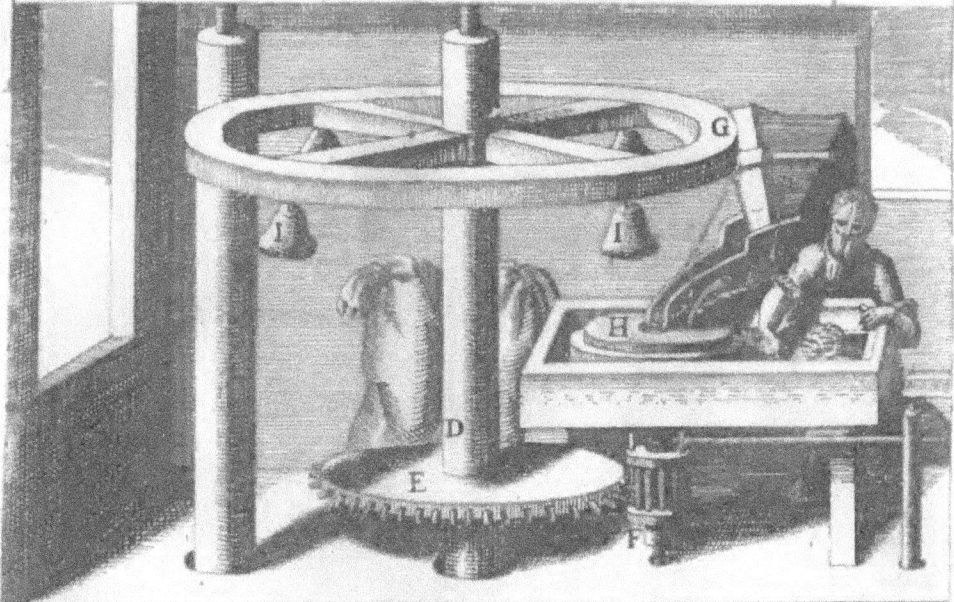

B.S. f

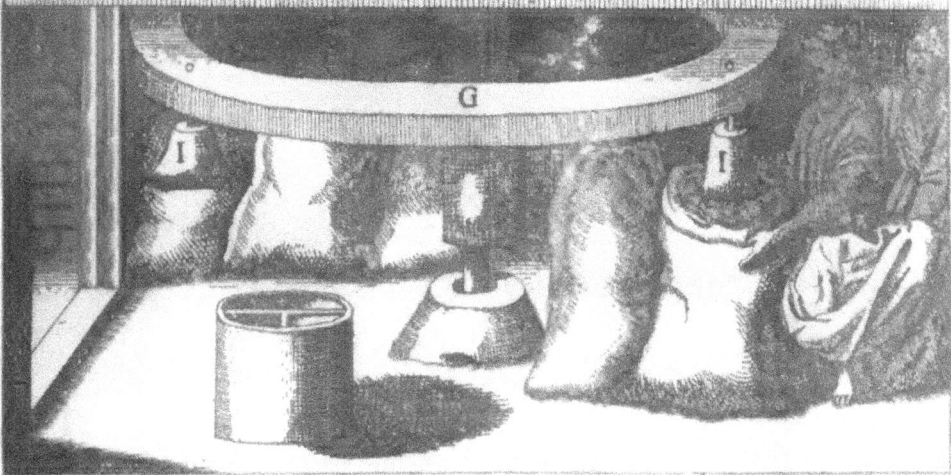

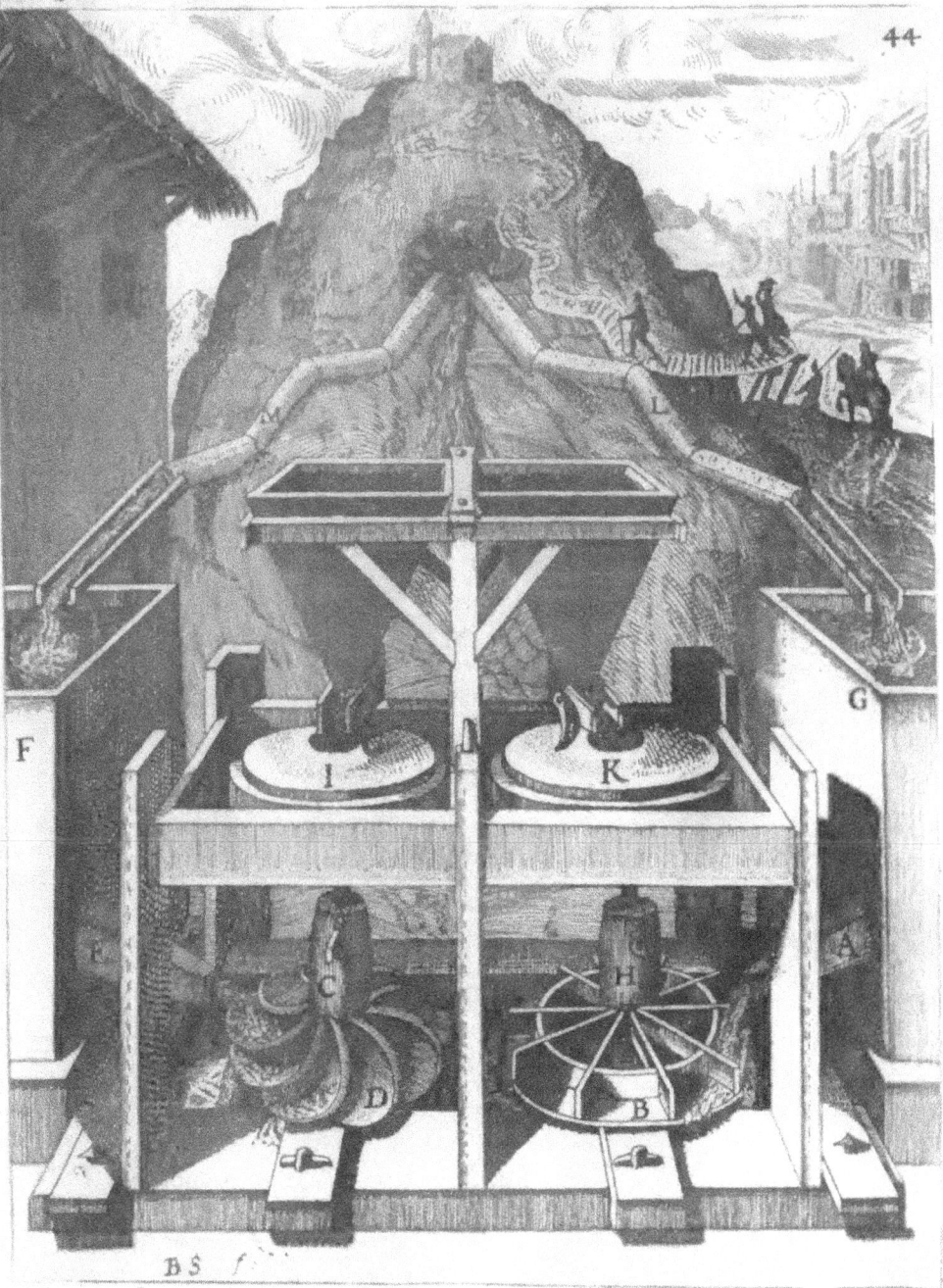

Ein Mahlwerck mit einem doppelten
druckwerck.

46

48

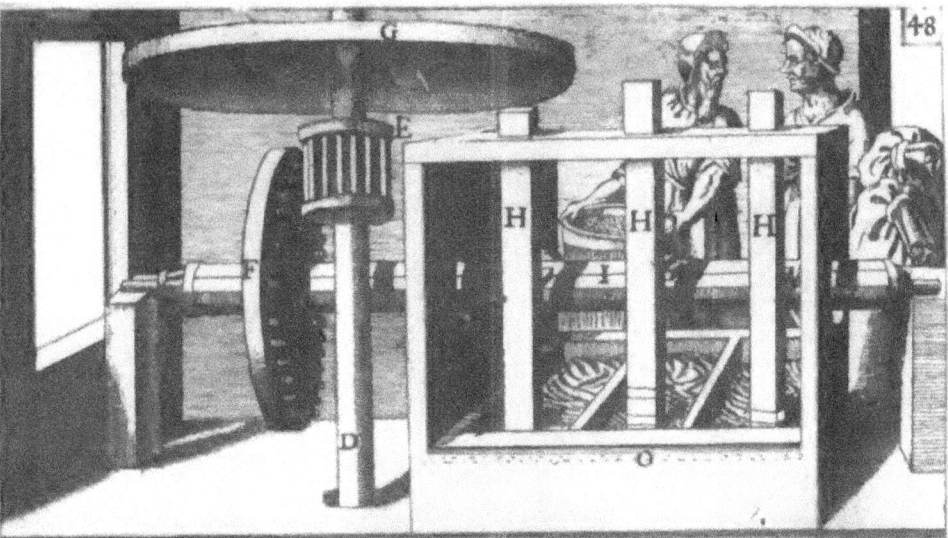

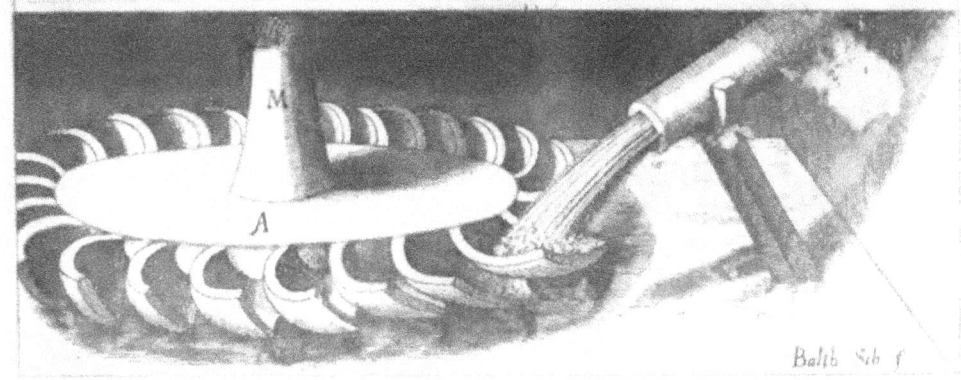

Balth Sib f

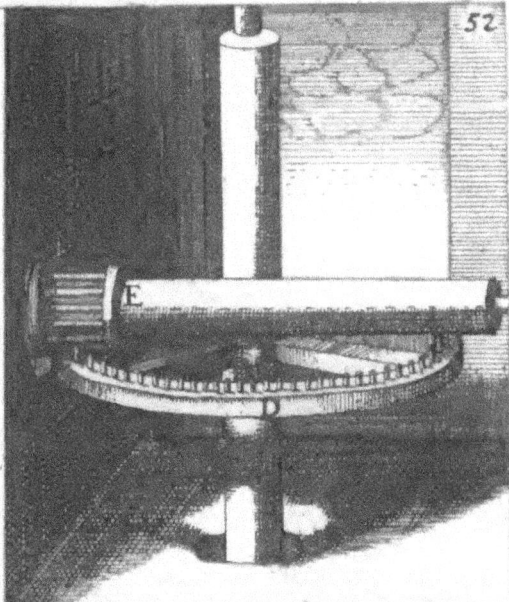

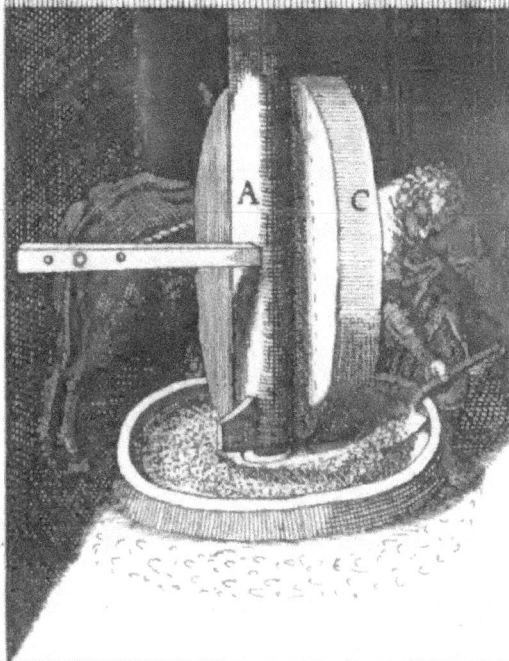

Ein Einfache Schraubkunst,
mit einem Mahlwerck.

A L M

E B D G H C N

53

Ein einfache Schraub oder
Wirbelkunst, neben einem
druck und mahlwerck.

54

Ein doppele wirbel oder ſchraub
kunſt mit einem korben druck
und Mühlwerck.

Ein doppele wirbel oder schraub
schrist mit einem mahlwerck.

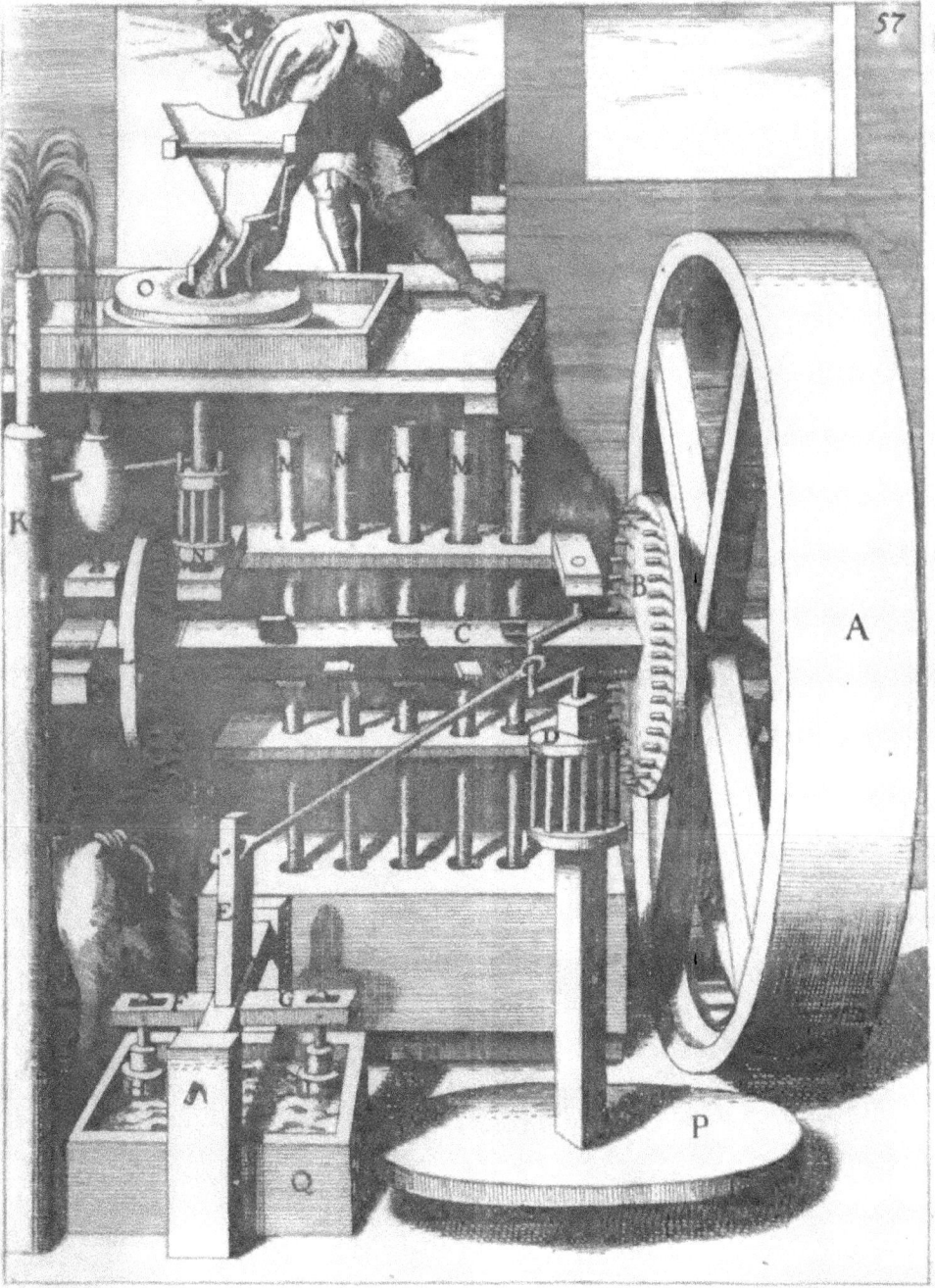

No: 61.

62

A

B

I

C

E

D

E

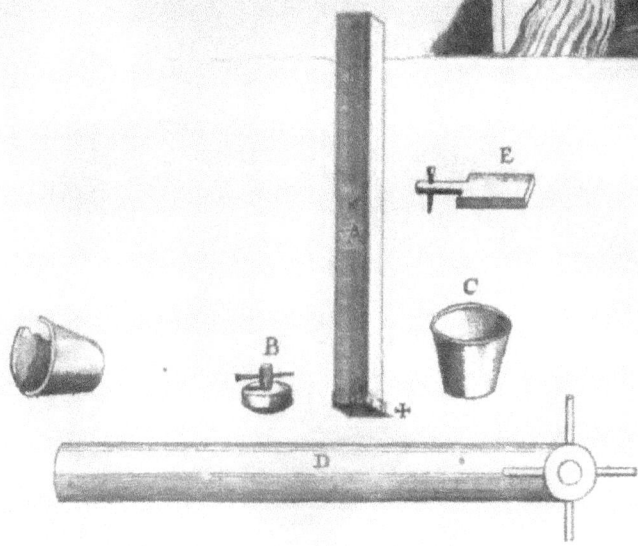

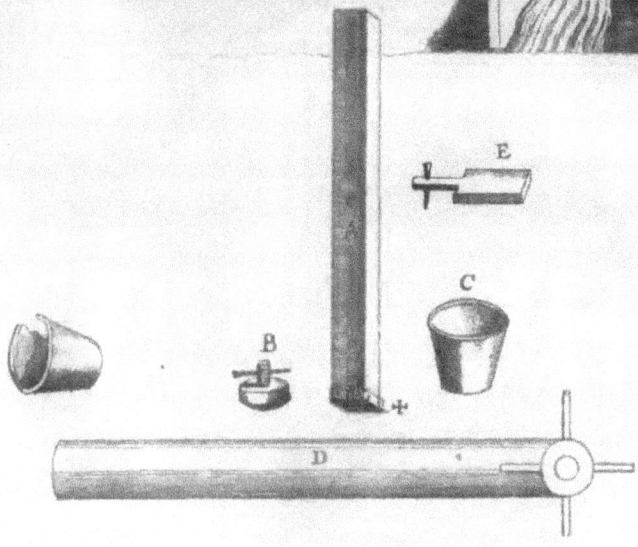

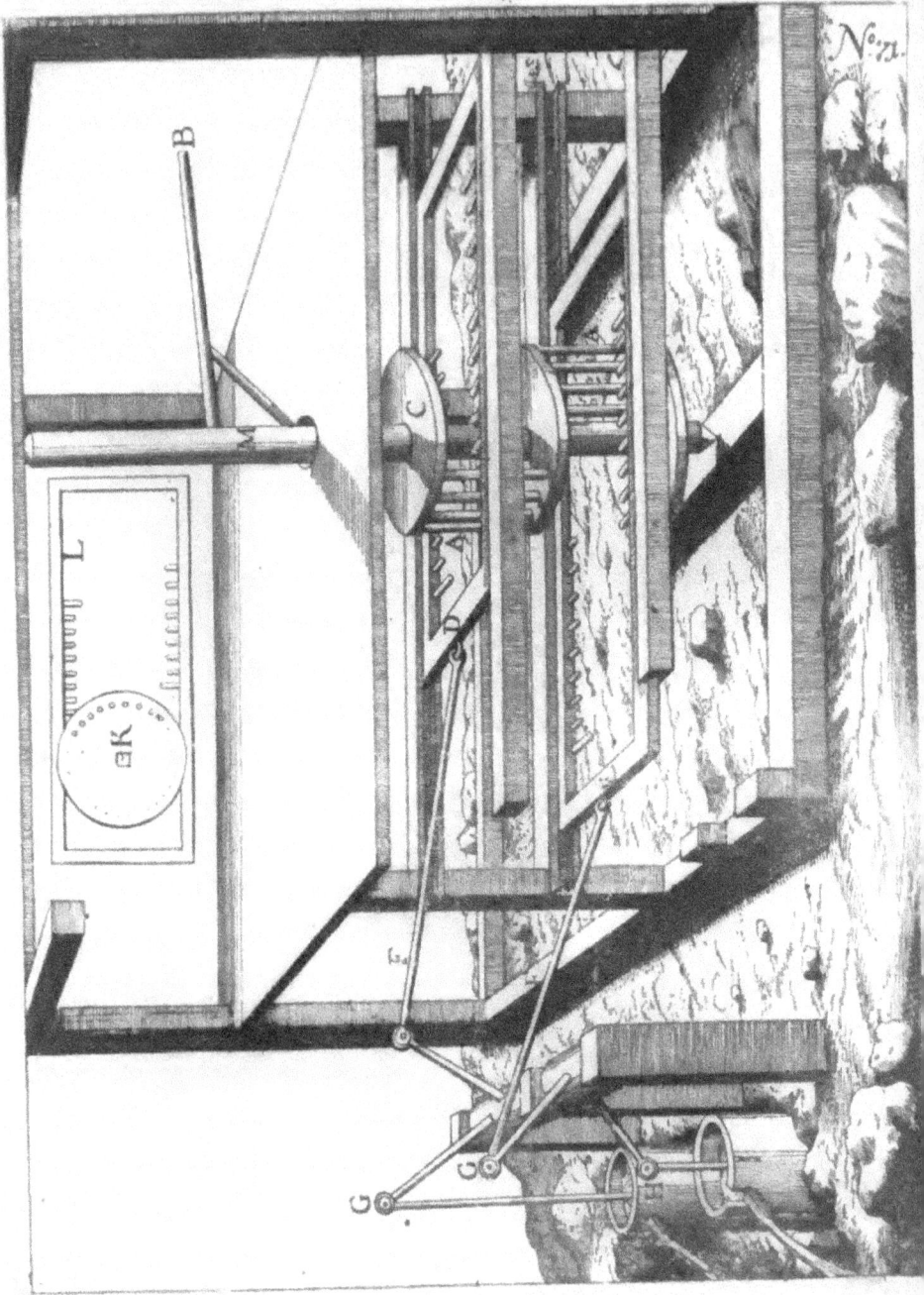

No. 72.

B.s.f.

73

70

81

A

B

G

N° 82

84

Ein Heintz oder Hengjed kunst

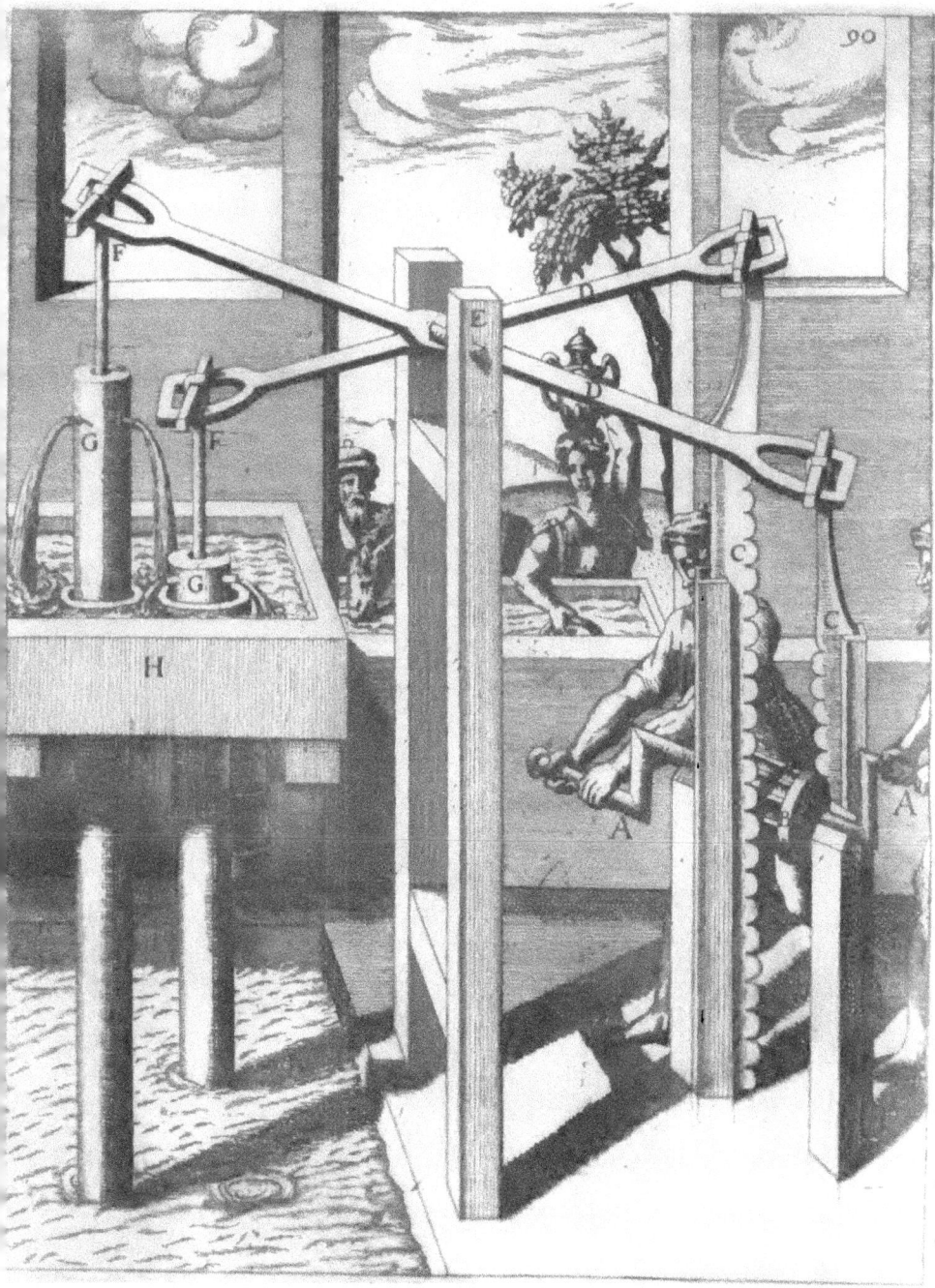

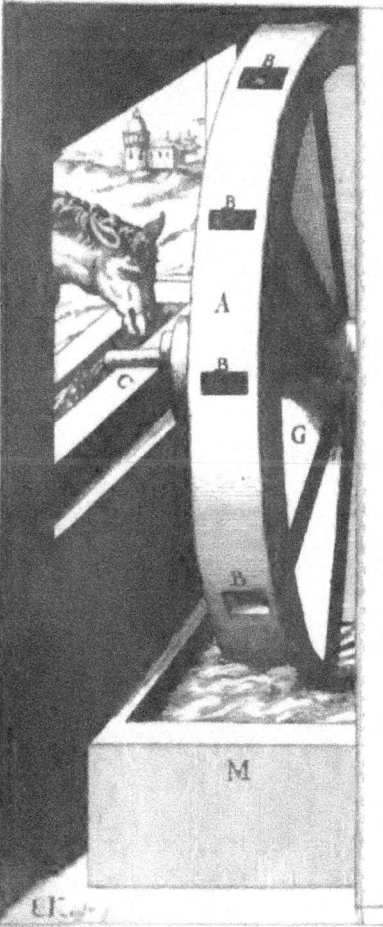

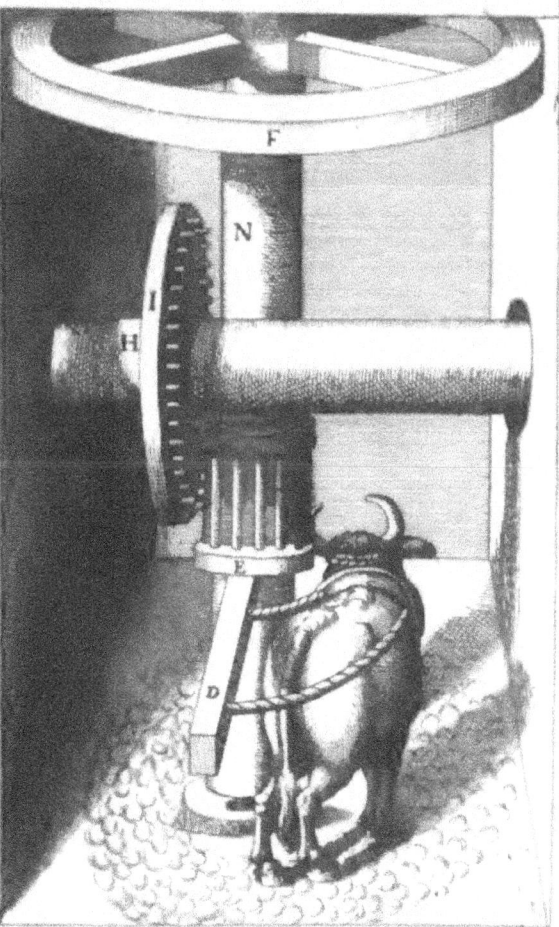

A
B
C
D
E
F
G
H
I
K
L
M

BS f

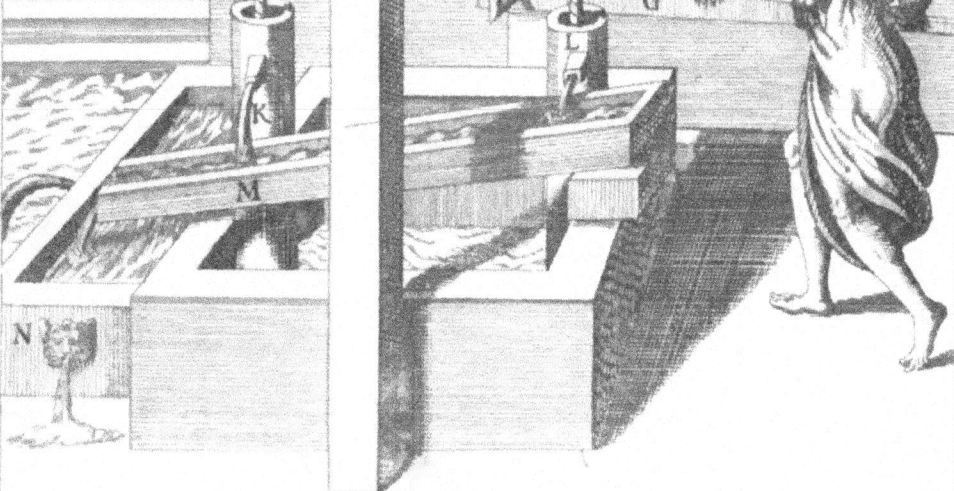

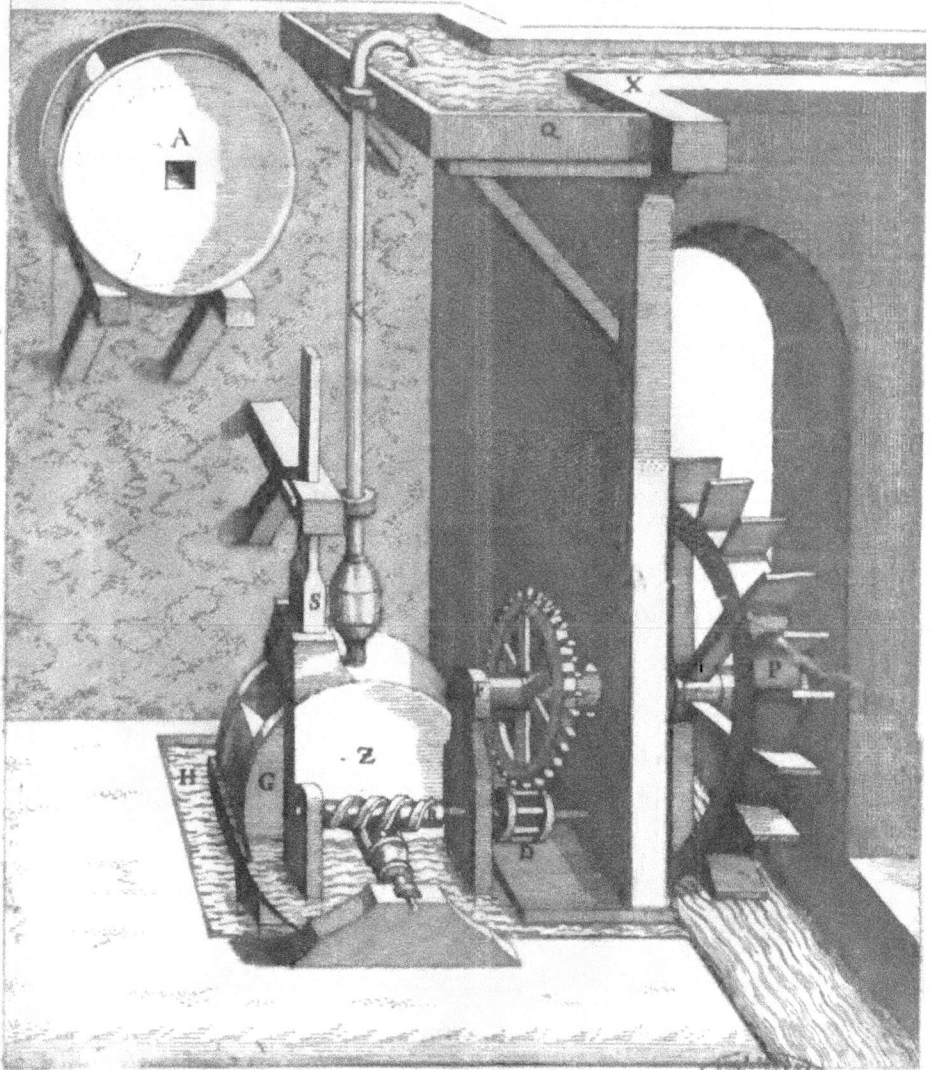

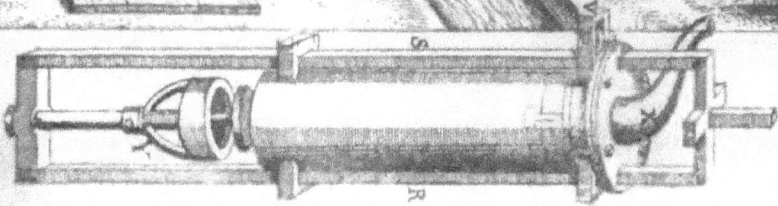

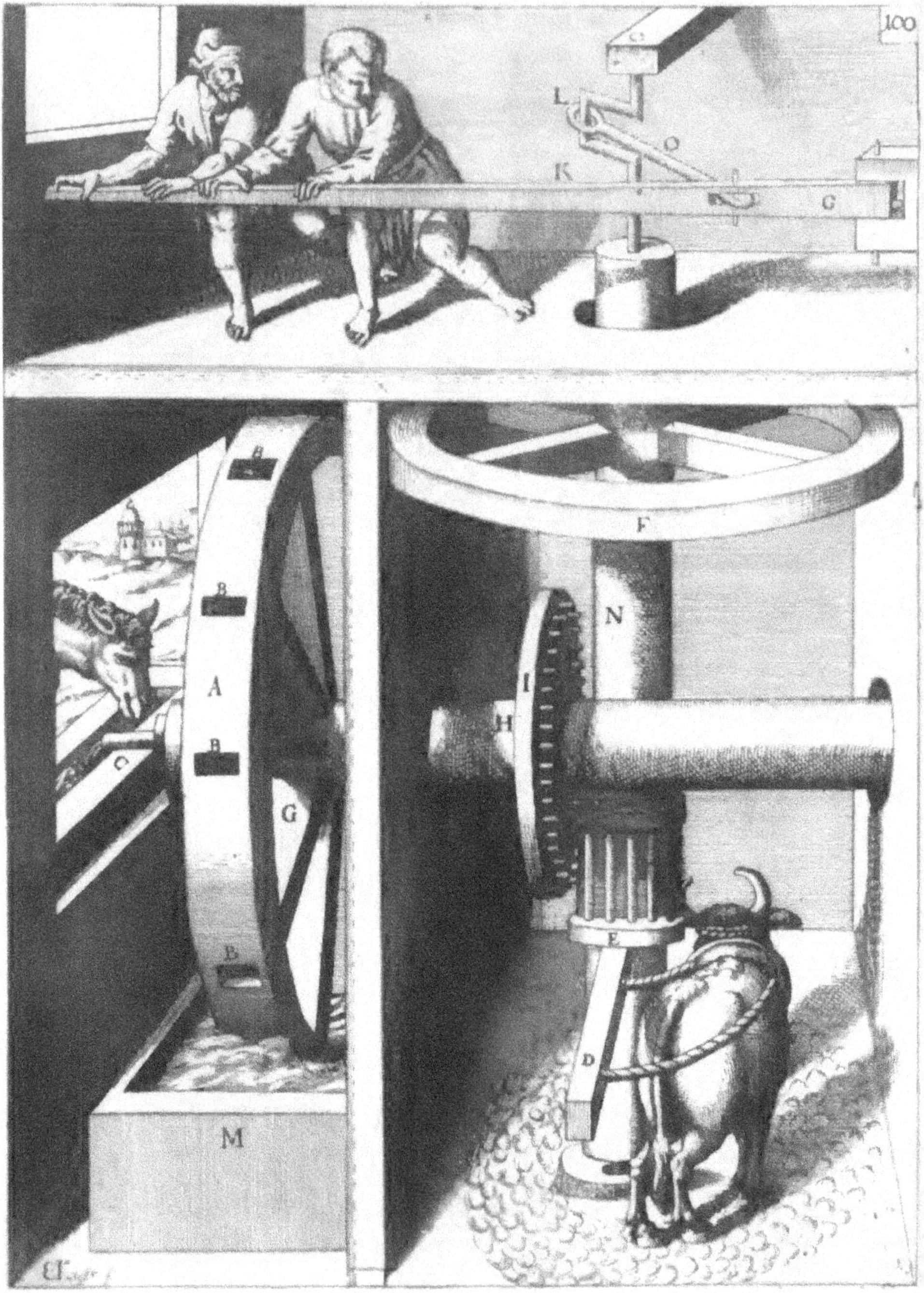
100
L
O
K
G
B
B
A
B
C
G
B
M
F
N
I
H
E
D

102

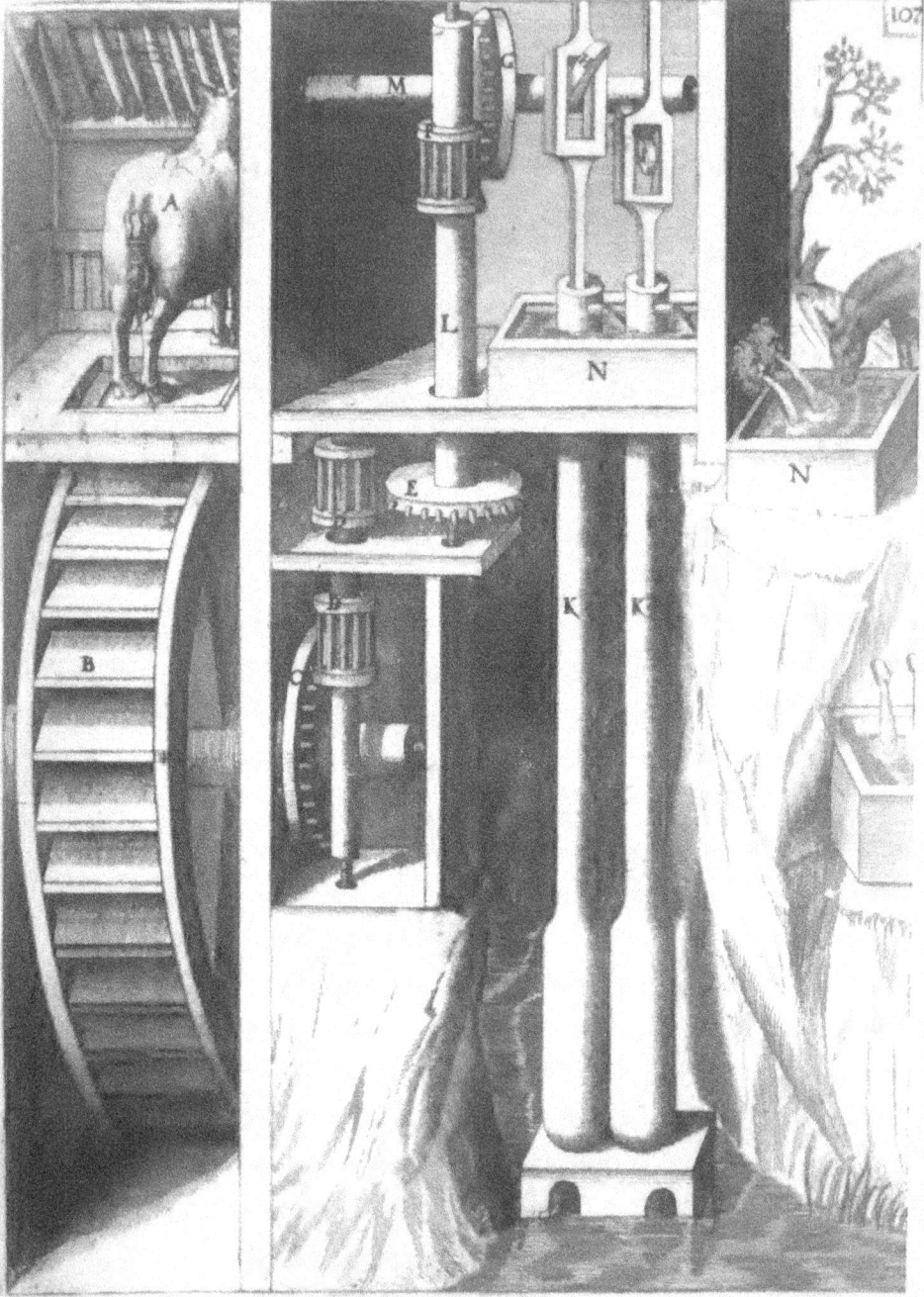

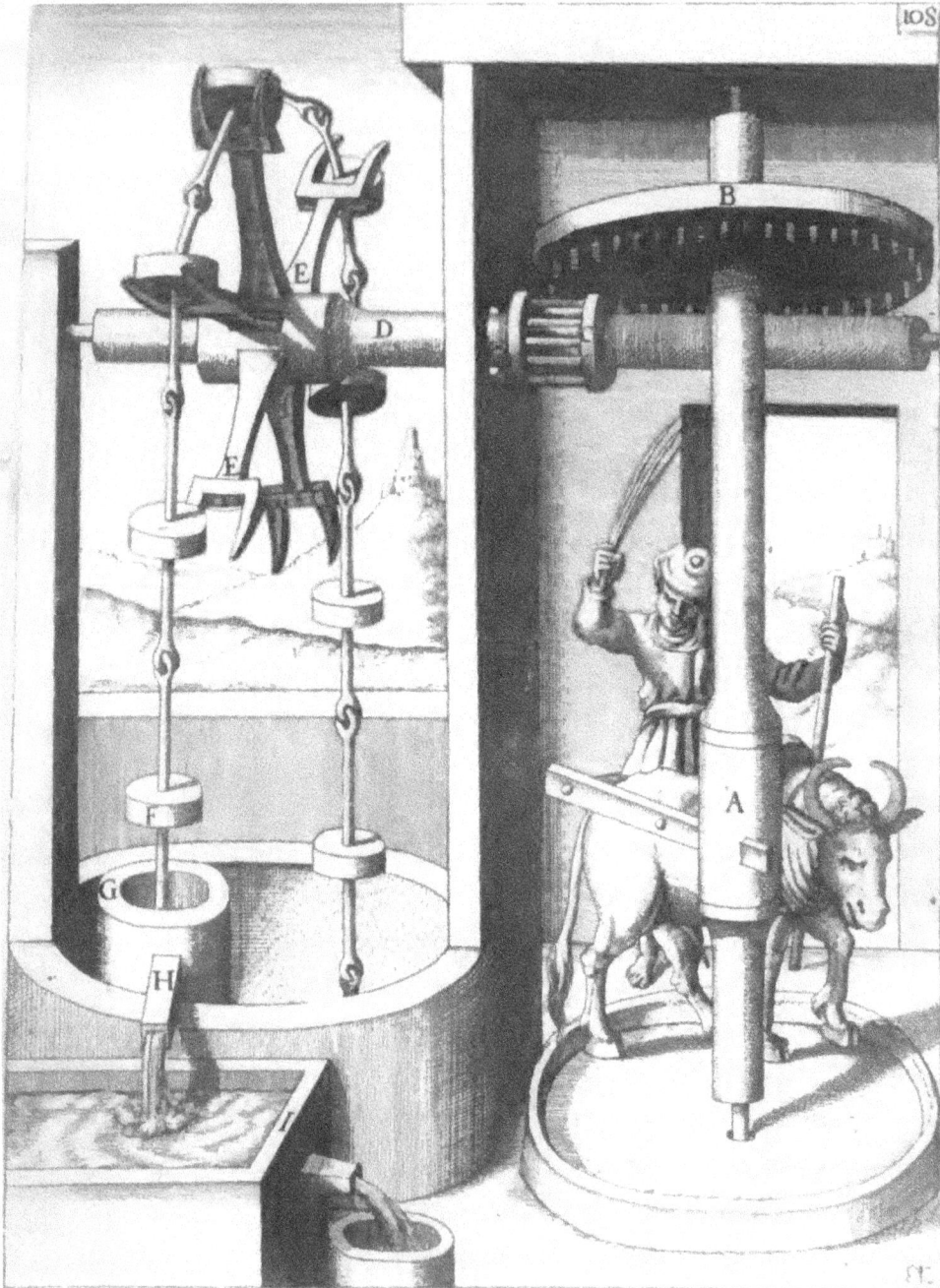

A

L   I

K

H

I

G F

E

B

A

D

C

BSf.

114

Balth Schei f.

116

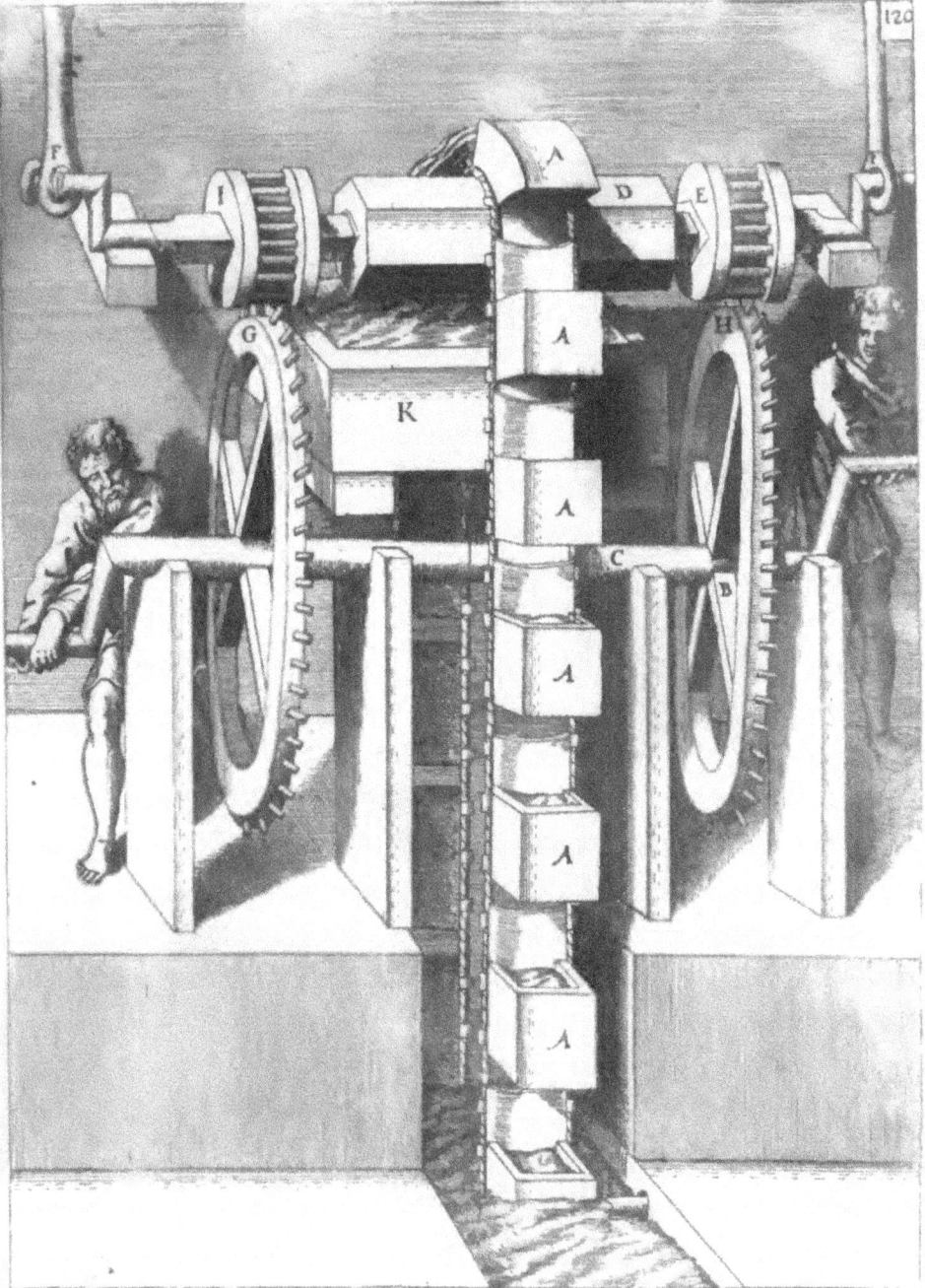

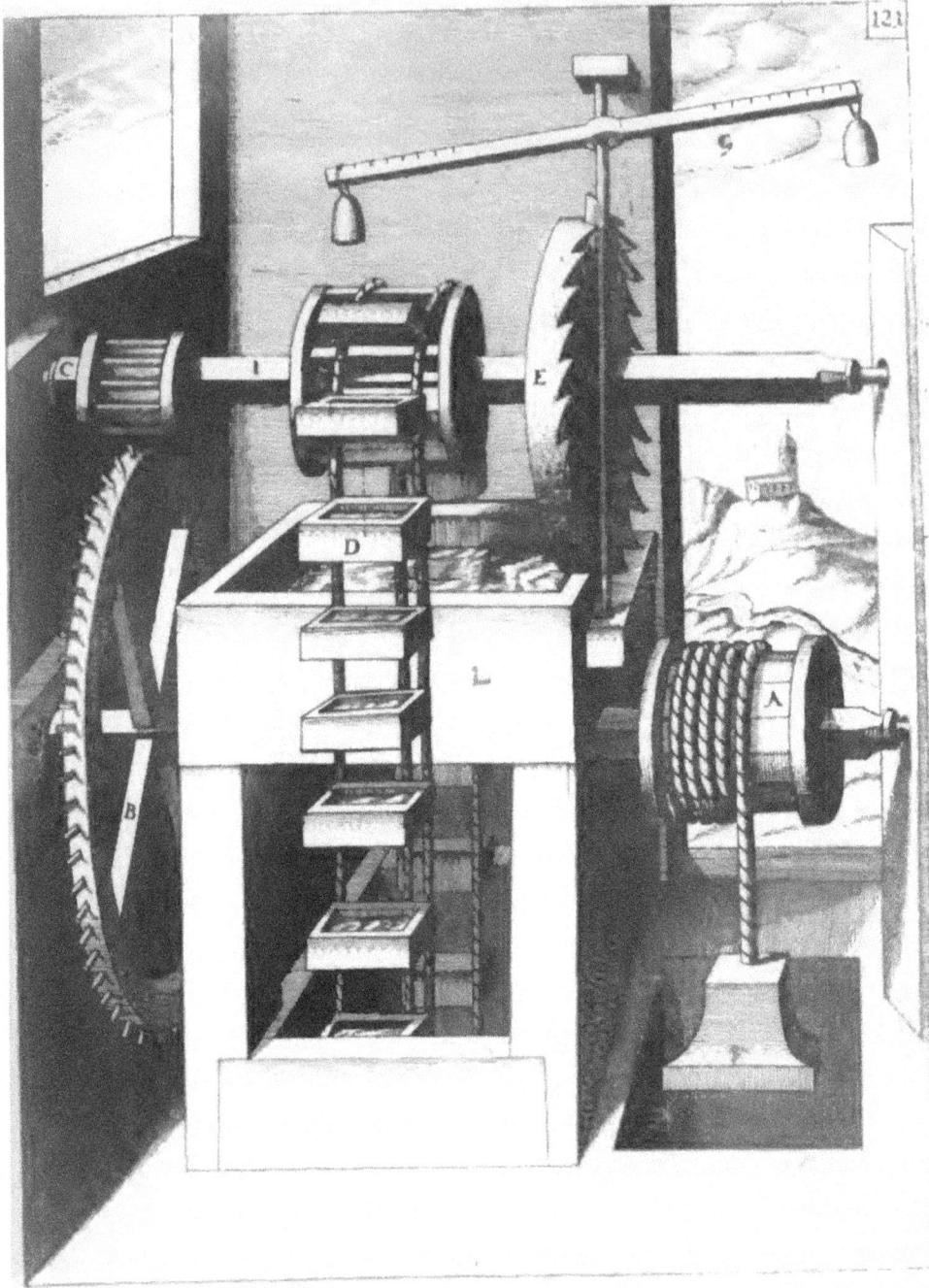

A   B

H

K

M

I

L

D

E

G

F

N

O

P   P

B.S.s.

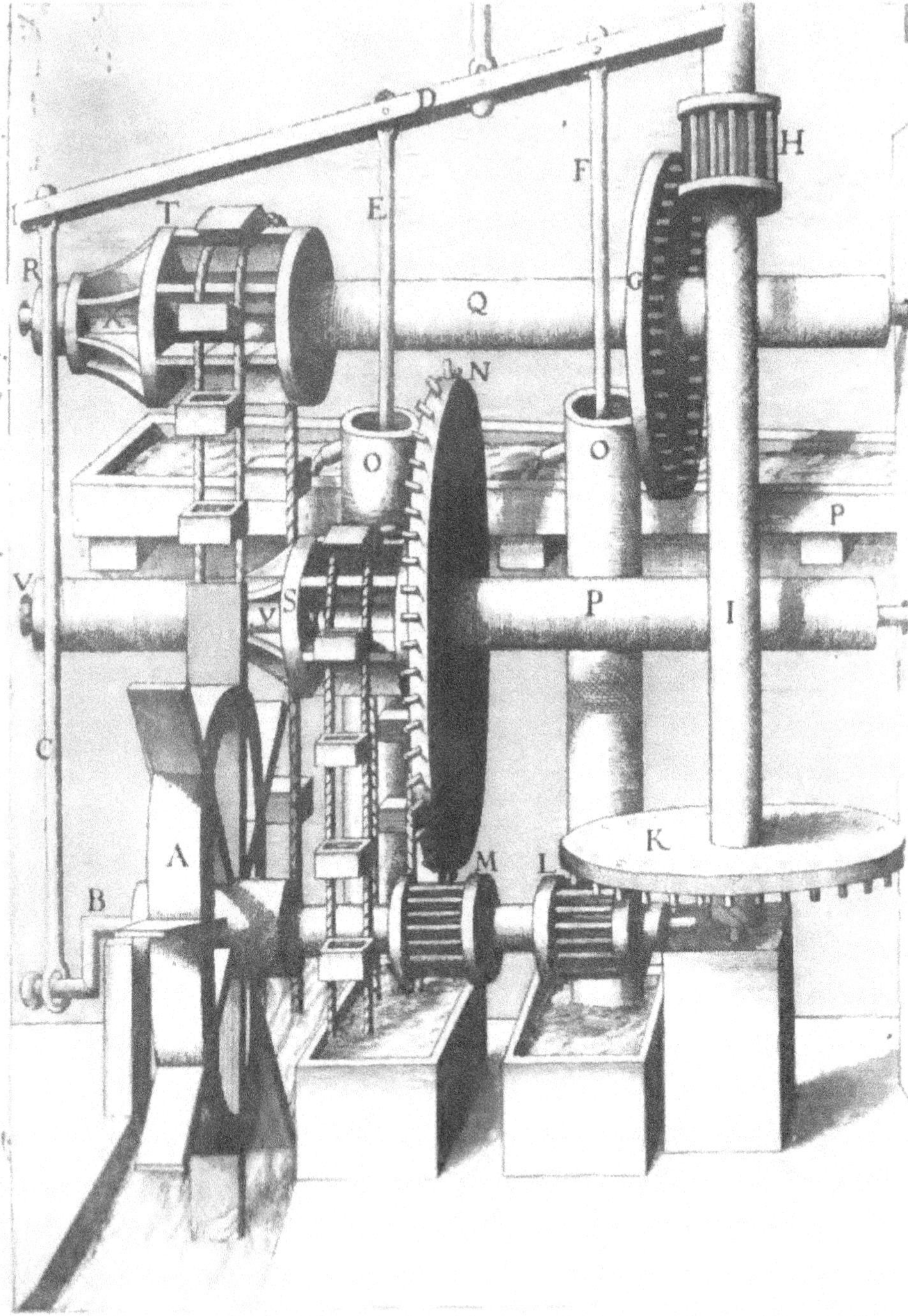
D
T
E
F
H
R
X
Q
G
N
O
O
P
V
S
V
P
I
C
K
A
M
L
B

I
L
M
N
A
H
K
B
Bulgen oder Schöpff
Eymer
G
E
F
C
D
P
Q
O   O
R

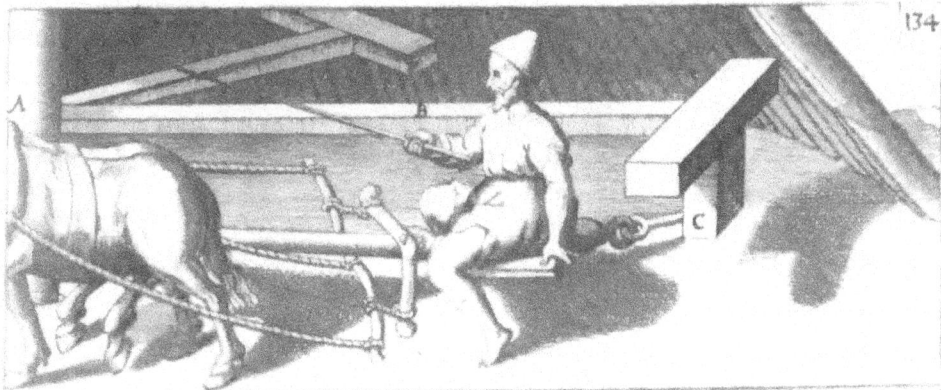

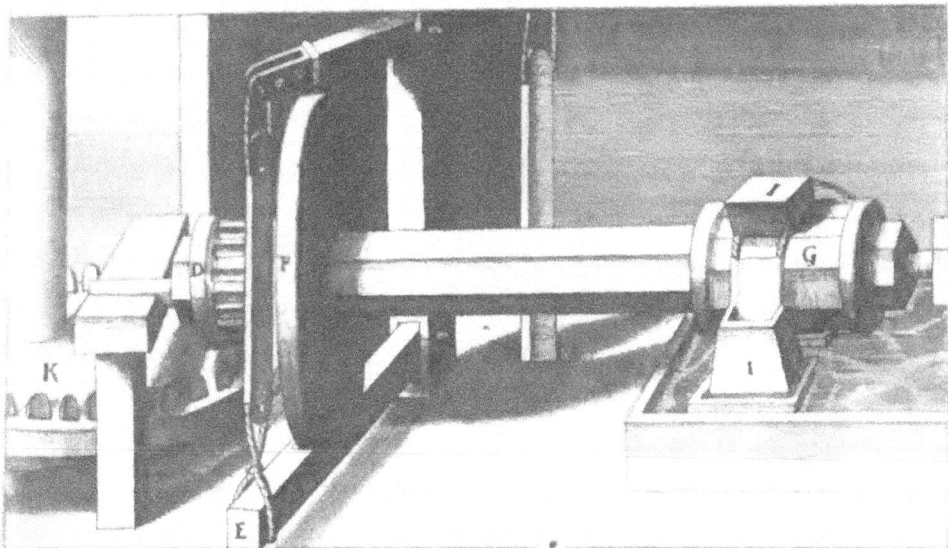

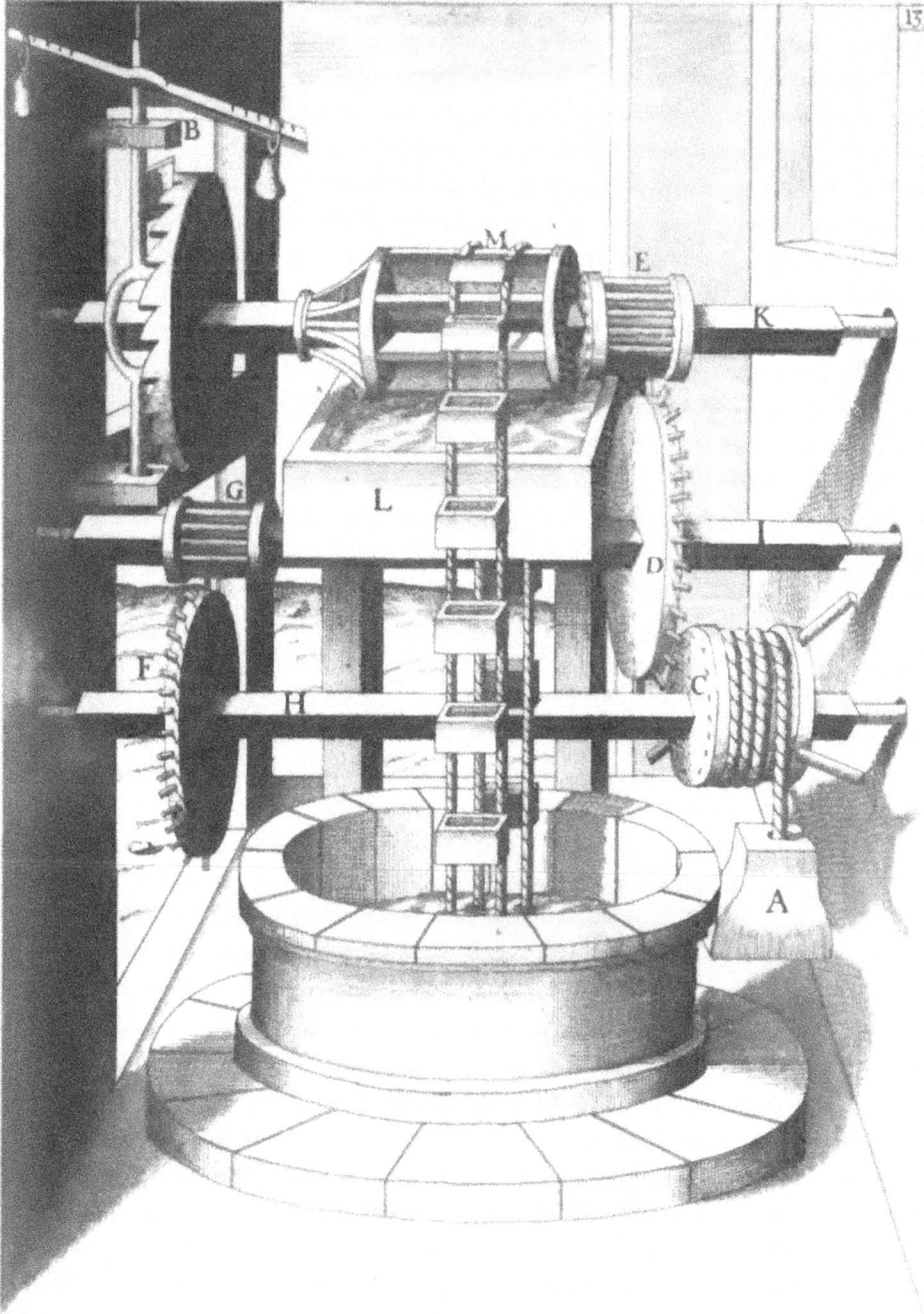

136

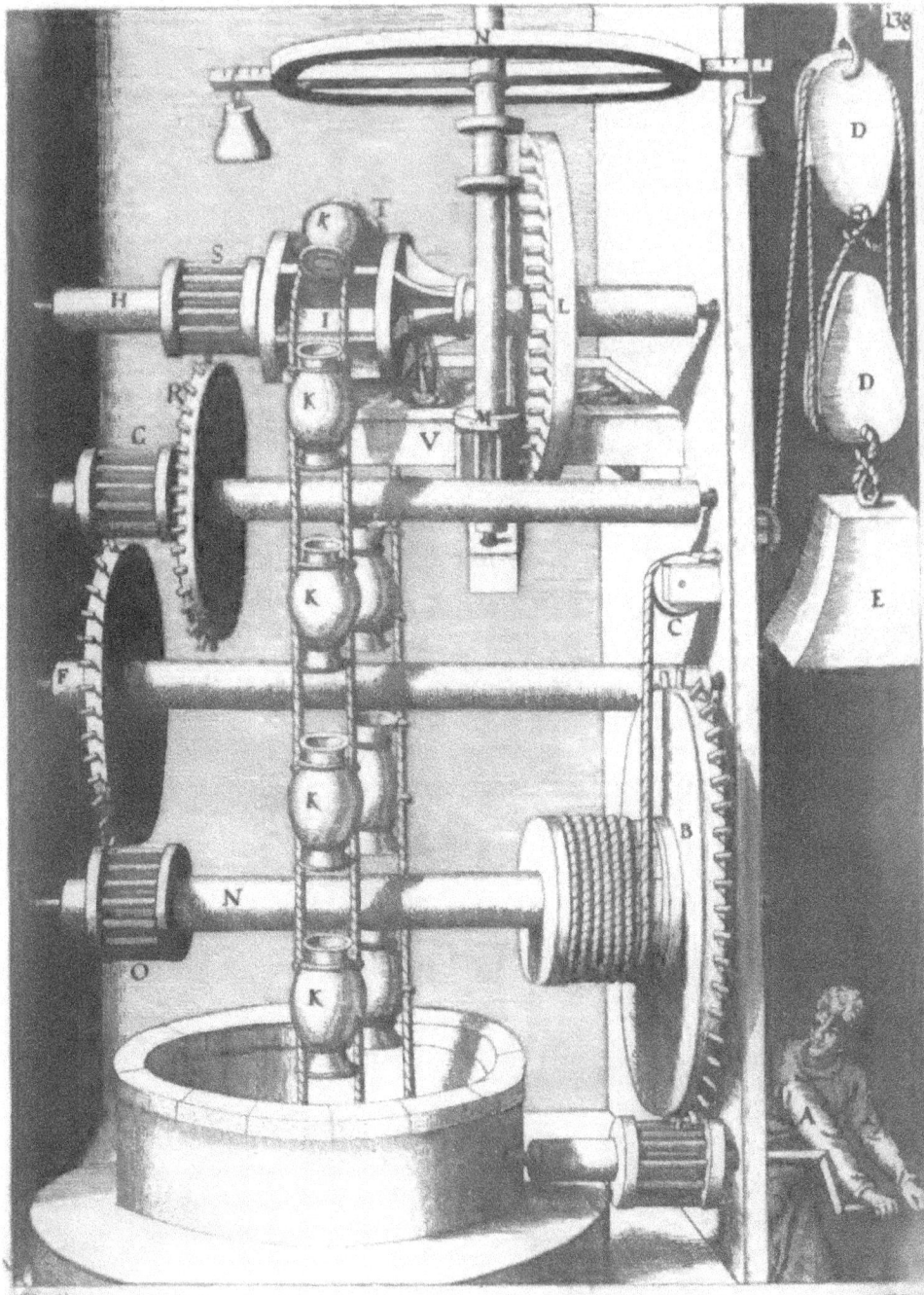

139

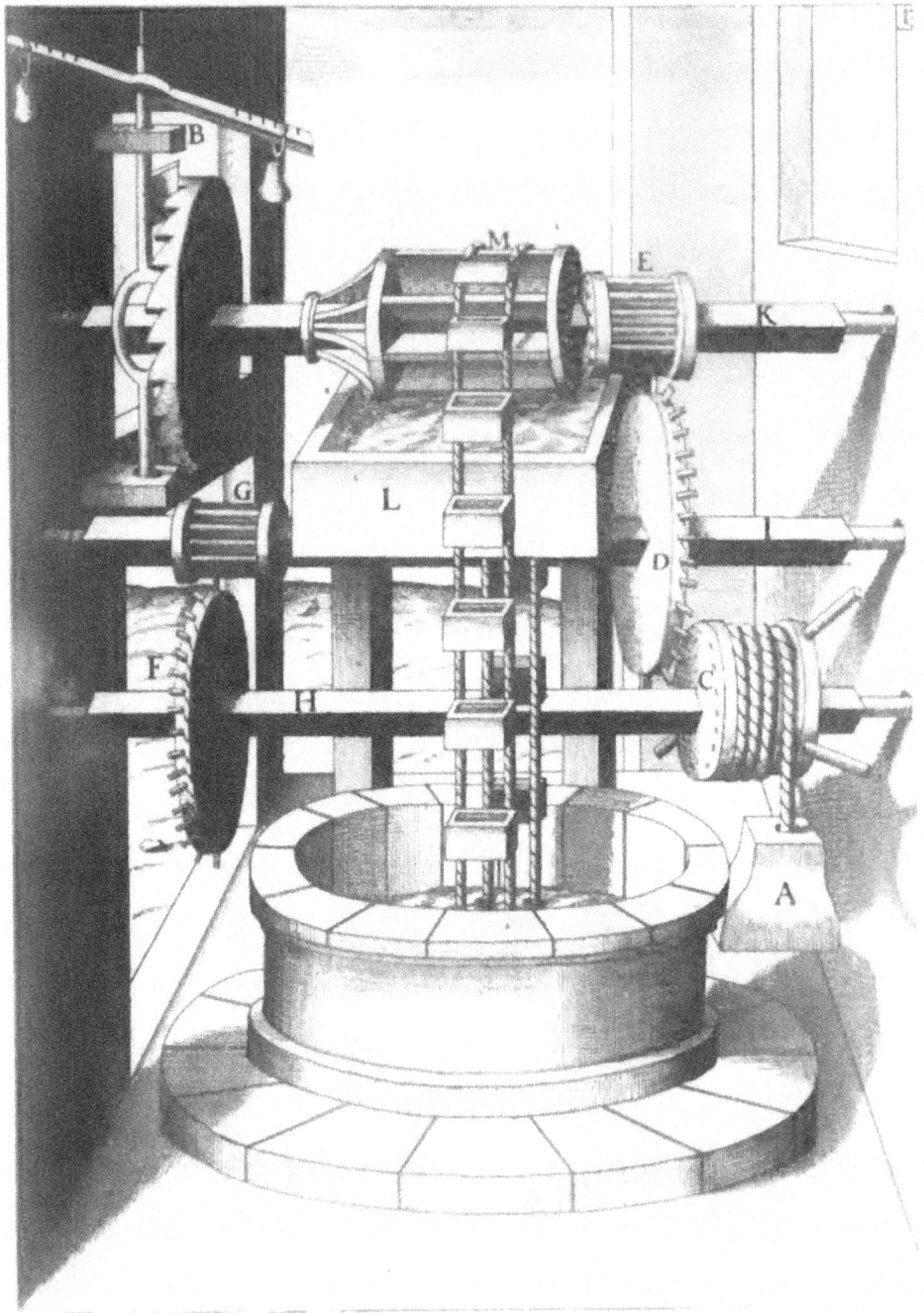

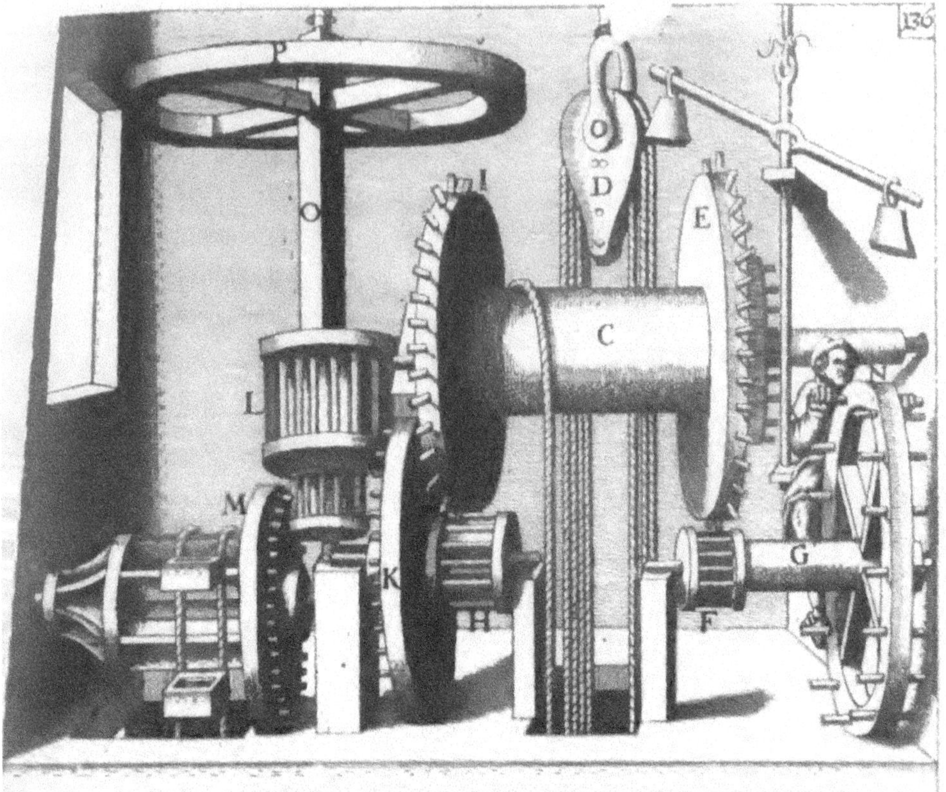
136
P
O
I
D
E
C
L
M
K
H
F
G
B
A

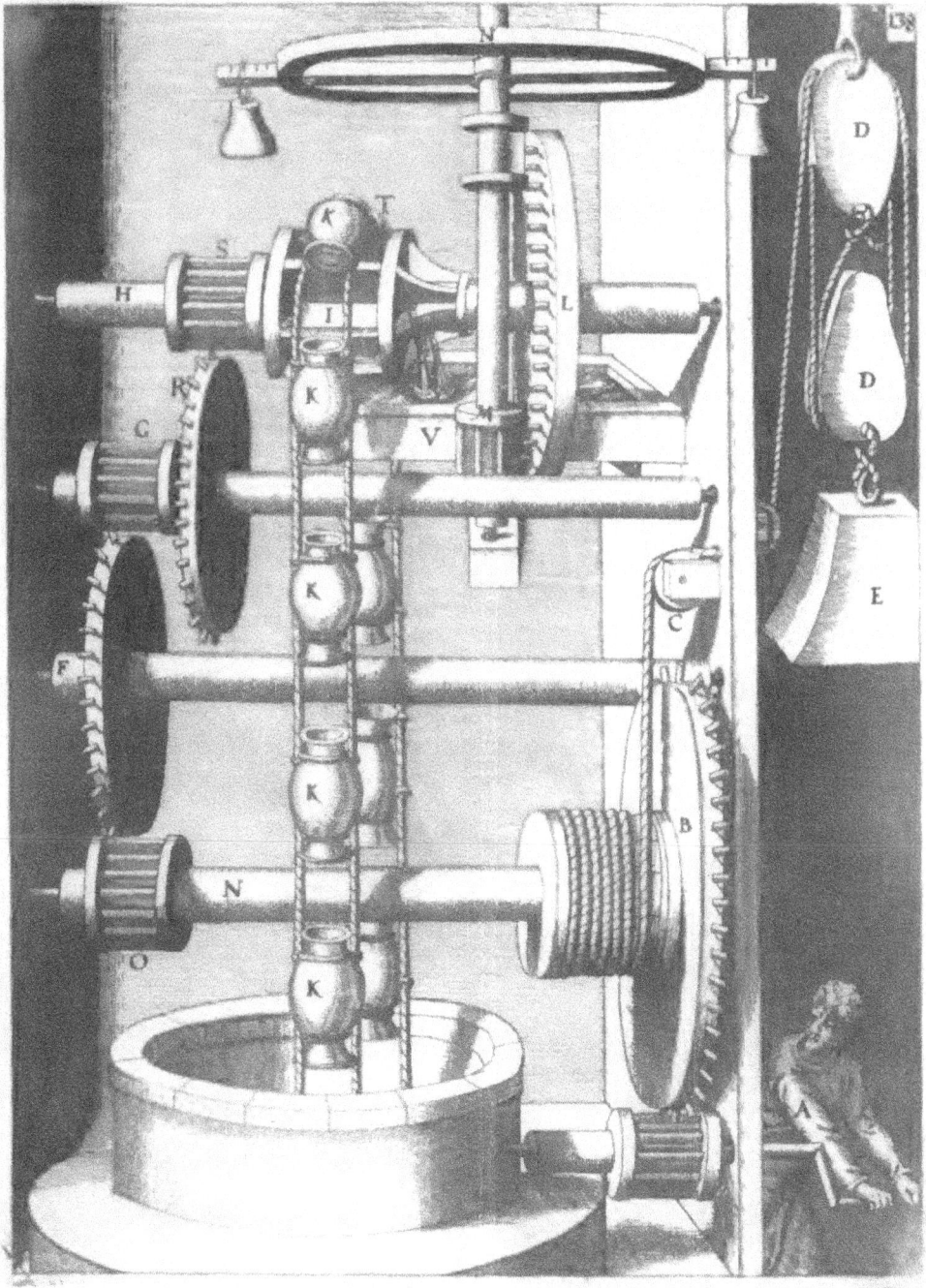

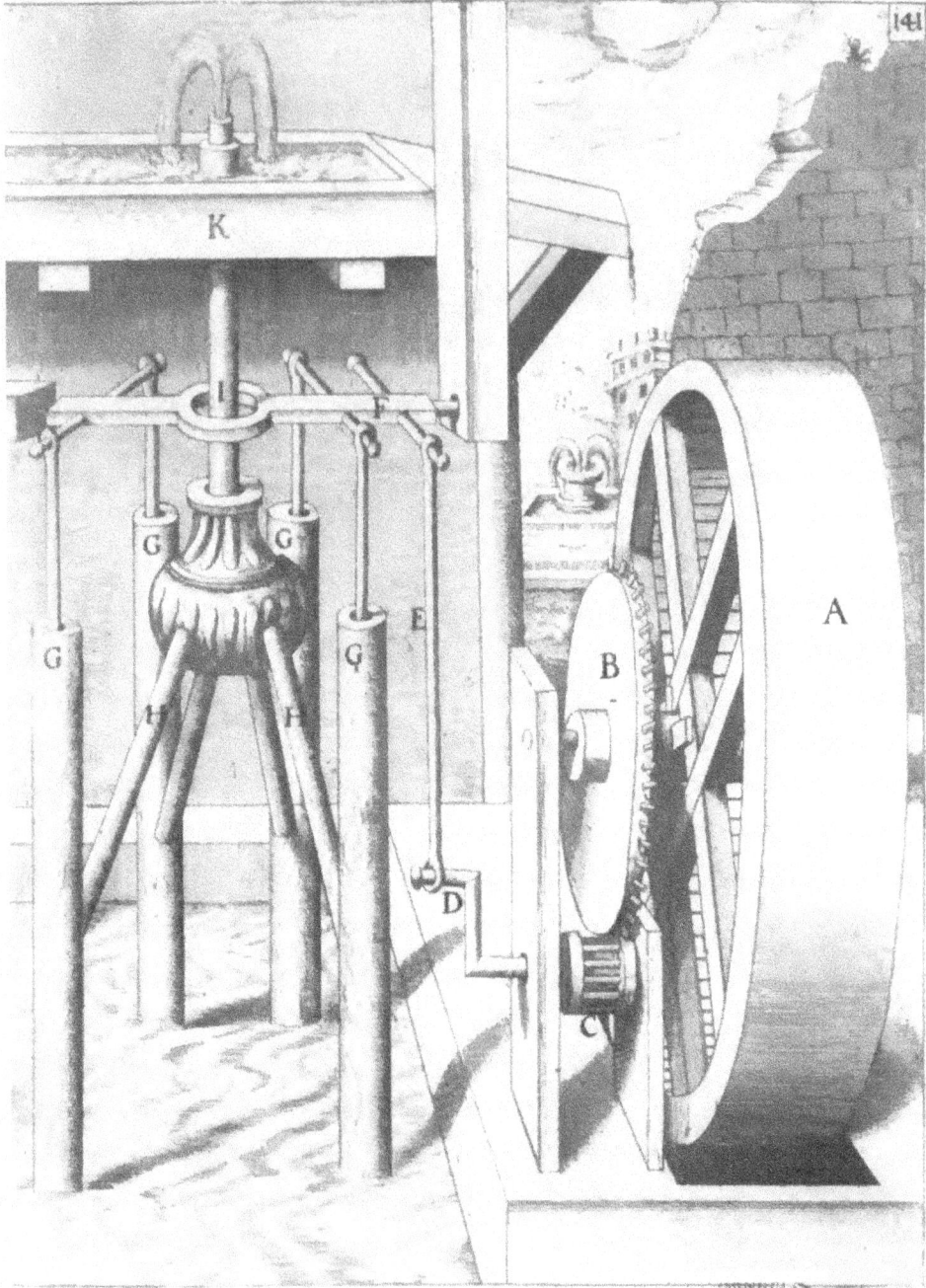

142

145

Kolben kunst
welche von oben schöpfft.

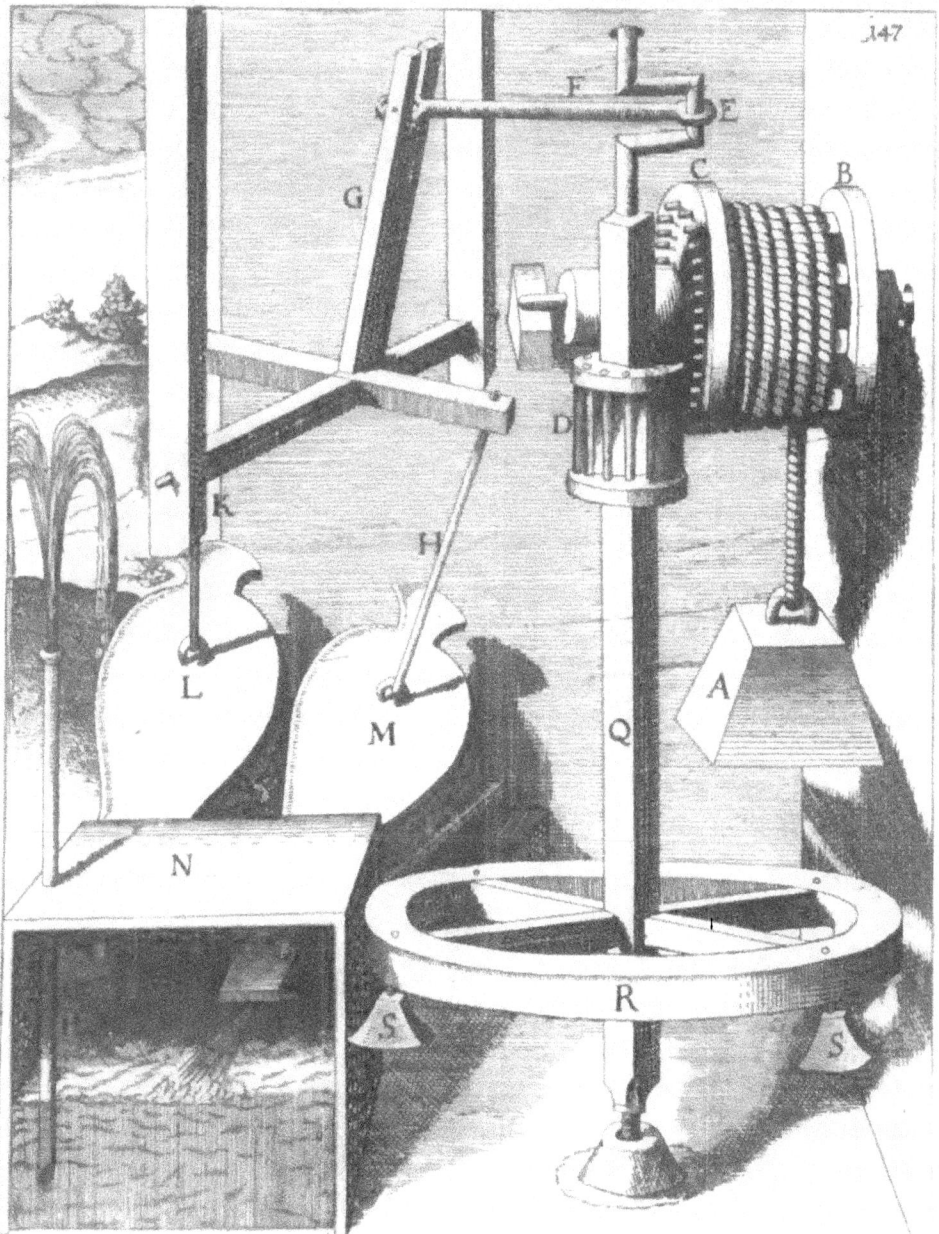

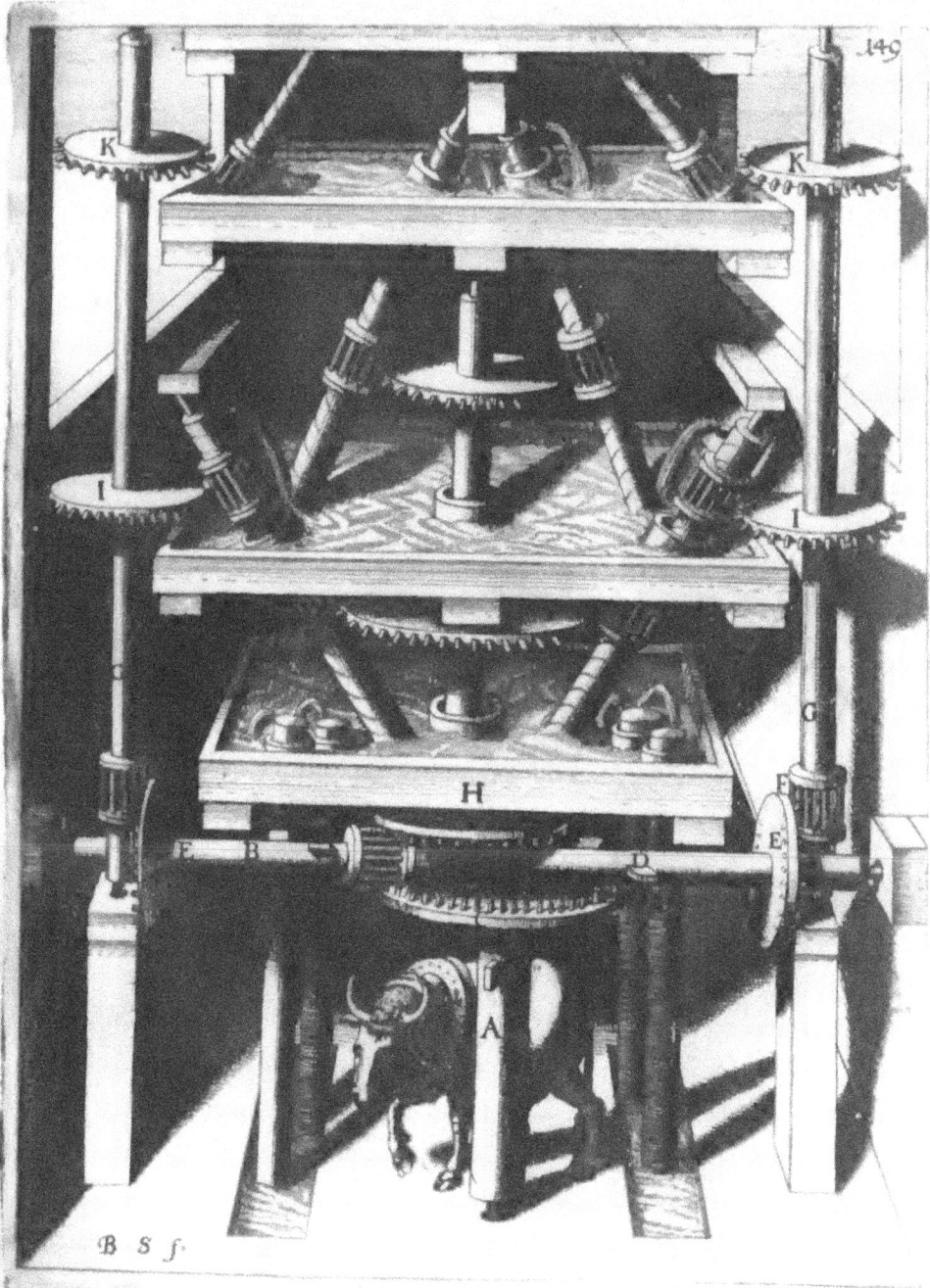

149

Ein andere Wirbel oder
Schraubkunst mit dop-
pelem ohngriff

345

Kolben kunst
welchs von oben schöpfft

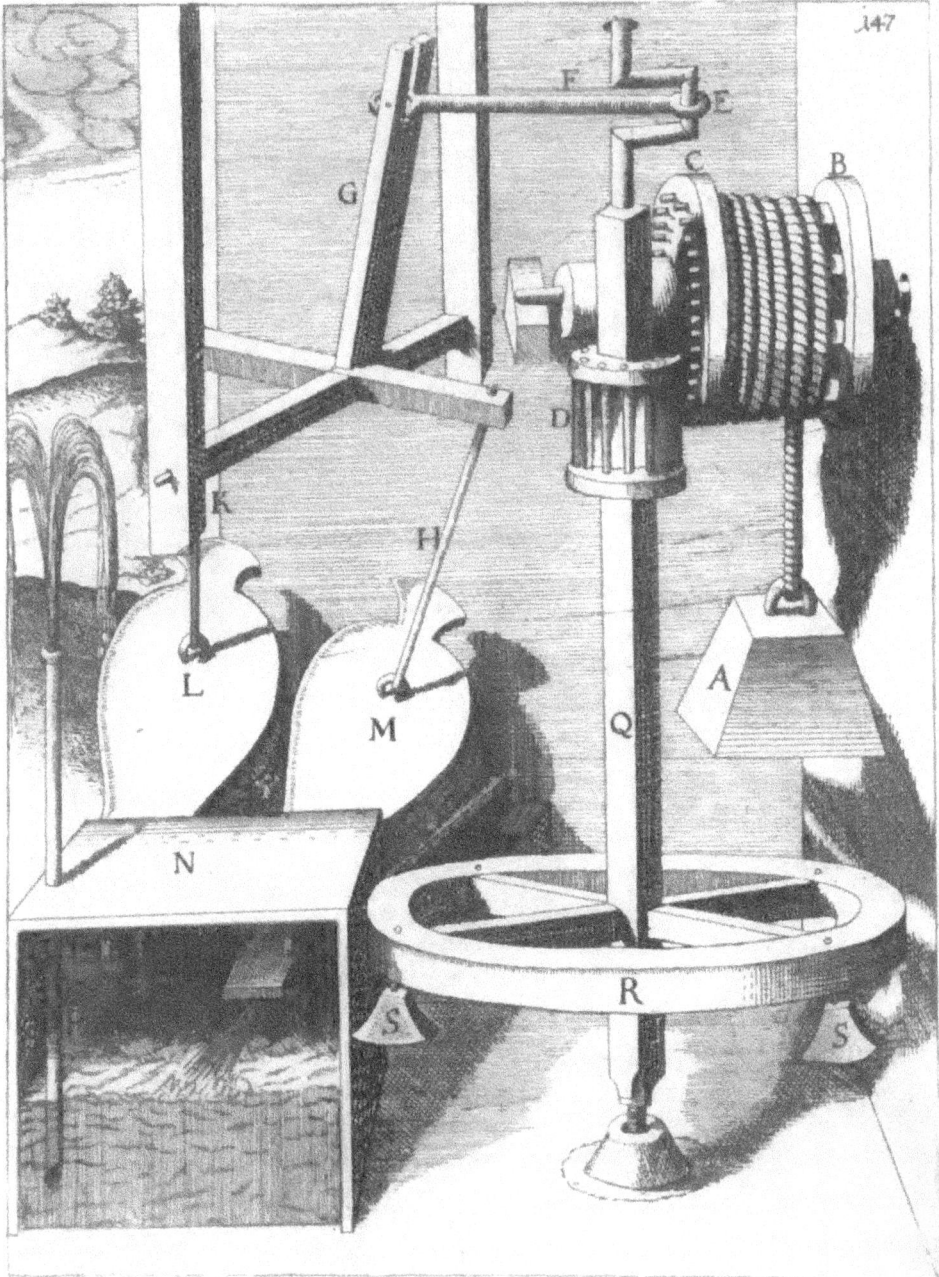

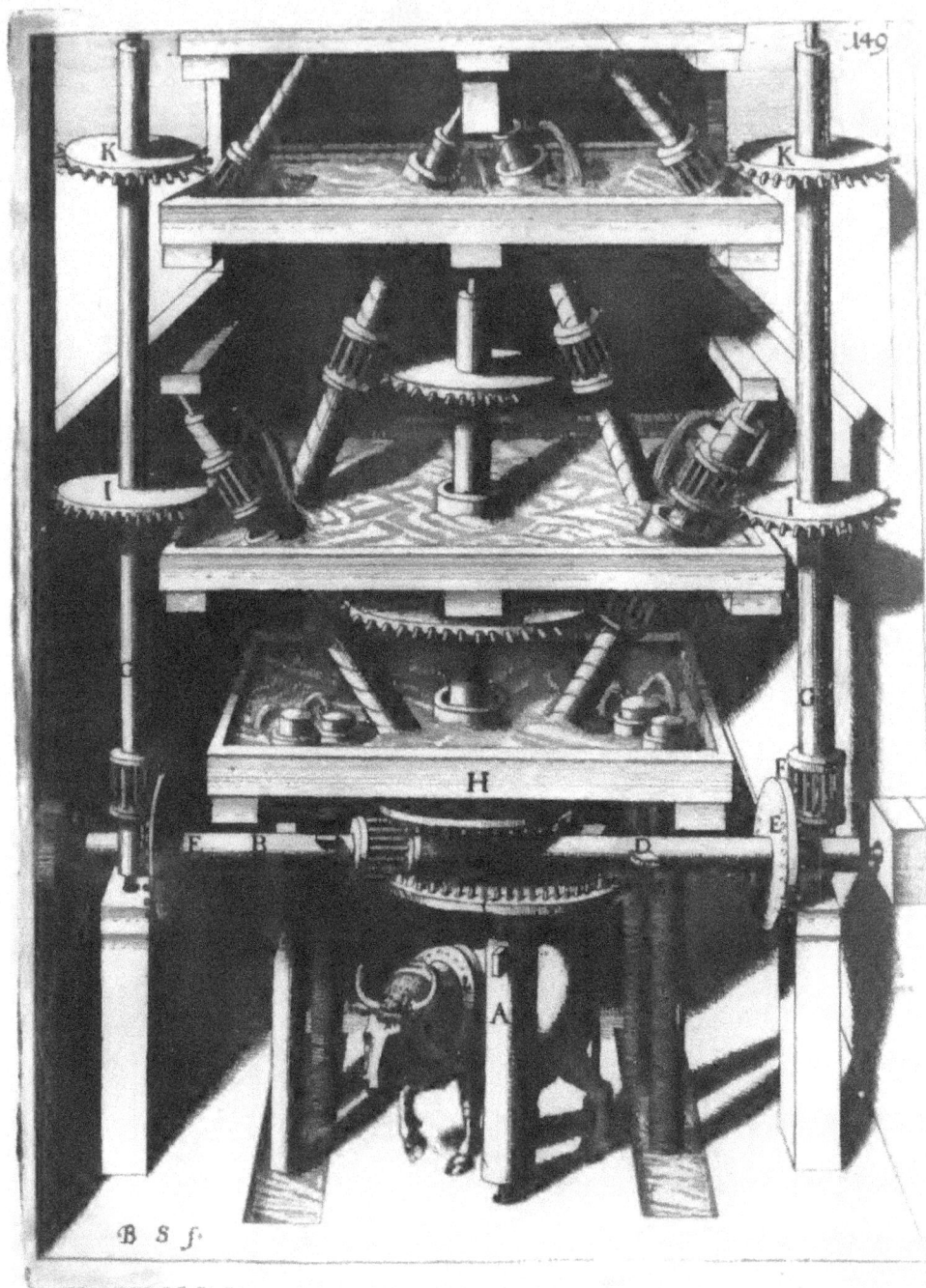

B S f.

151.

K

I

L M

R

A

H P

Ein andere Wirbel oder
Schraubkunst mit dop-
pelem abngriff

H

C

G F

D

E

N.1:1:1

154.

Die kleine Spritzen
Prob. Maas.

Die grosse Spritzen Prob:
wie man sie brauchen soll.

www.ingramcontent.com/pod-product-compliance
Lightning Source LLC
Chambersburg PA
CBHW021212270326
41929CB00010B/1102